The Last Trial

The Last Trial

A Story in Simplified Chinese and Pinyin
Includes English Translation

Book 31 of the *Journey to the West* Series

Written by Jeff Pepper
Chinese Translation by Xiao Hui Wang

Based on chapters 96 – 100 of the original
Chinese novel *Journey to the West* by Wu Cheng'en

IMAGIN8
PRESS

Copyright © 2022 – 2023 by Imagin8 Press LLC, all rights reserved.

Published in the United States by Imagin8 Press LLC, Verona, Pennsylvania, US. For information, contact us via email at info@imagin8press.com or visit www.imagin8press.com.

Our books may be purchased directly in quantity at a reduced price, visit our website www.imagin8press.com for details.

Imagin8 Press, the Imagin8 logo and the sail image are all trademarks of Imagin8 Press LLC.

Written by Jeff Pepper
Chinese translation by Xiao Hui Wang
Cover design by Katelyn Pepper and Jeff Pepper
Book design by Jeff Pepper
Artwork by Next Mars Media, Luoyang, China
Audiobook narration by Junyou Chen

Based on the original 16th century Chinese novel by Wu Cheng'en

ISBN: 978-1959043034
Version 04

Acknowledgements

We are deeply indebted to the late Anthony C. Yu for his incredible four-volume translation, *The Journey to the West* (University of Chicago Press, 1983, revised 2012).

We have also referred frequently to another unabridged translation, William J.F. Jenner's *The Journey to the West* (Collinson Fair, 1955; Silk Pagoda, 2005), as well as the original Chinese novel 西游记 by Wu Cheng'en (People's Literature Publishing House, Beijing, 1955). And we've gathered valuable background material from Jim R. McClanahan's *Journey to the West Research Blog* (www.journeytothewestresearch.com).

And many thanks to the team at Next Mars Media for their terrific illustrations, Jean Agapoff for her careful proofreading, and Junyou Chen for his wonderful audiobook narration.

Audiobook

A complete Chinese language audio version of this book is available free of charge. To access it, go to YouTube.com and search for the Imagin8 Press channel. There you will find free audiobooks for this and all the other books in this series.

You can also visit our website, www.imagin8press.com, to find a direct link to the YouTube audiobook, as well as information about our other books.

Authors' Note

This is the thirty-first and final book in our *Journey to the West* series of graded readers. We're happy to see that you have gotten this far in your reading (assuming, of course, that you've read the previous thirty books before opening this one!), and we promise that this last story will be worth the wait. In this book, of course, we find out what happens when Tangseng and his three disciples finally reach the end of their fourteen year long journey and come face to face with the Buddha at Spirit Mountain.

A few notes about this book. In the preceding thirty books we were very careful to remain as faithful to the original novel as possible. We did not add anything that wasn't in the original, and we tried to tell exactly the same story that Wu Cheng'en told five centuries ago. Since these are graded readers, our approach has been to use a limited vocabulary, simple sentence structure, and few proper names. We occasionally omit or shorten some of the longer poems and skip over some unnecessary plot elements, but we are careful not to change the story at all.

However, there are a couple of places in this book where we've had to take some liberties with this policy. Both are near the end of the story, and we believe both are for good reasons.

First, the beginning of Chapter 99 contains a list of eighty trials that Tangseng had, up to that point, endured. But it turns out that the list in the original novel is a bit muddled and does not exactly match up with the trials as described in the previous chapters. We're not sure of the reason for this, but JTW scholar Jim McClanahan tells us that there were several different versions of the story for a long time before the 1592 version attributed to Wu Chen'en, and it's possible that the list of trials was created early on and was not updated as the underlying story changed.

To resolve this mismatch we have edited and rearranged the list a bit so that it fits more closely the story that you have read in the preceding books. This was a pretty complicated task, and we'd like to thank Jim McClanahan, as well as Irwen Wong who has provided an excellent chapter-by-chapter synopsis in his "Journey to the West Novel Summary," www.journeytothewestlibrary.weebly.com/novel-summary. The chapter numbers at the end of each line of our list of trials are mainly from Anthony Wu's translation, but we've modified several of them.

Second, we made some changes at the very end. We won't tell you what happens at the end of the book (and no peeking!), but let's just say that it ends with a long prayer in poem form. The prayer is full of unfamiliar proper names which, we felt, would not be understandable to our readers. It's also very long. So we've shortened the prayer from its original 72 lines down to 31, selecting lines that use words that our readers are likely to be familiar with. And we have rearranged this final section so that it ends not with an obscure Sanskrit quotation as it does in the original, but with the incredibly powerful eight line vow that begins with, "I will go to the pure land…"

We have also skipped over some of the lists of sutras which, again, are filled with unfamiliar words and don't really contribute to the story.

Other than that, we have remained faithful to the story told in these final five chapters, and we hope you enjoy it.

If you are interested in reading an unabridged English translation of this amazing story, we highly recommend the four-volume, 2000 page *Journey to the West* by Dr. Anthony Wu,

2011 revised edition. And if you want to tackle the original Chinese, it's available free online as "The Project Gutenberg eBook of 西遊記" at www.gutenberg.org/cache/epub/23962/pg23962.html. There is also an interactive translation version on the Chinese Text Project website, www.ctext.org/xiyouji.

OK, let's get to it!

Preface

Here's a summary of the events of the previous books in the Journey to the West *series. The numbers in brackets indicate in which book in the series the events occur.*

Thousands of years ago, in a magical version of ancient China, a small stone monkey is born on Flower Fruit Mountain. Hatched from a stone egg, he spends his early years playing with other monkeys. They follow a stream to its source and discover a secret room behind a waterfall. This becomes their home, and the stone monkey becomes their king. After several years the stone monkey begins to worry about the impermanence of life. One of his companions tells him that certain great sages are exempt from the wheel of life and death. The monkey goes in search of these great sages, meets one and studies with him, and receives the name Sun Wukong. He develops remarkable magical powers, and when he returns to Flower Fruit Mountain he uses these powers to save his troop of monkeys from a ravenous monster. *[Book 1]*

With his powers and his confidence increasing, Sun Wukong manages to offend the underwater Dragon King, the Dragon King's mother, all ten Kings of the Underworld, and the great Jade Emperor himself. Finally, goaded by a couple of troublemaking demons, he goes too far, calling himself the Great Sage Equal to Heaven and sets events in motion that cause him some serious trouble. *[Book 2]*

Trying to keep Sun Wukong out of trouble, the Jade Emperor gives him a job in heaven taking care of his Garden of Immortal Peaches, but the monkey cannot stop himself from eating all the peaches. He impersonates a great Immortal and crashes a party in Heaven, stealing the guests' food and drink and barely escaping to his loyal troop of monkeys back on

Earth. In the end he battles an entire army of Immortals and men, and discovers that even calling himself the Great Sage Equal to Heaven does not make him equal to everyone in Heaven. As punishment, the Buddha himself imprisons him under a mountain. *[Book 3]*

Five hundred years later, the Buddha decides it is time to bring his wisdom to China, and he needs someone to lead the journey. A young couple undergo a terrible ordeal around the time of the birth of their child Xuanzang. The boy grows up as an orphan but at age eighteen he learns his true identity, avenges the death of his father and is reunited with his mother. Xuanzang will later fulfill the Buddha's wish and lead the journey to the west. *[Book 4]*

Another storyline starts innocently enough, with two good friends chatting as they walk home after eating and drinking at a local inn. One of the men, a fisherman, tells his friend about a fortuneteller who advises him on where to find fish. This seemingly harmless conversation between two minor characters triggers a series of events that eventually costs the life of a supposedly immortal being and causes the great Tang Emperor himself to be dragged down to the underworld. He is released by the Ten Kings of the Underworld but is trapped in hell and only escapes with the help of a deceased courtier. *[Book 5]*

Barely making it back to the land of the living, the Emperor selects the young monk Xuanzang to undertake the journey, after being influenced by the great bodhisattva Guanyin. The young monk sets out on his journey. After many difficulties his path crosses that of Sun Wukong, and the monk releases him from his prison under a mountain. Sun Wukong becomes the monk's first disciple. *[Book 6]*

As their journey gets underway, they acquire three more

companions. First, a mysterious river-dwelling dragon who transforms into a white horse. *[Book 7]* Next, the pig-man Zhu Bajie, the embodiment of stupidity, laziness, lust and greed. In his previous life, Zhu was the Marshal of the Heavenly Reeds, but the Jade Emperor banished him to earth. He plunged from heaven to earth, ended up in the womb of a sow, was reborn as a man-eating pig monster, married to a farmer's daughter, fought with Sun Wukong, and ended up joining and becoming the monk's second disciple. *[Book 8]* And finally they meet Sha Wujing, who was once the Curtain Raising Captain but was banished from heaven by the Yellow Emperor for breaking an extremely valuable cup during a drunken visit to the Peach Festival. *[Book 9]*

As they travel westward, Heaven puts obstacles in their path. They arrive at a secluded mountain monastery which turns out to be the home of a powerful master Zhenyuan and an ancient and magical ginseng tree. As usual, the travelers' search for a nice hot meal and a place to sleep quickly turns into a disaster. *[Book 10]*

Next, Tangseng and his band of disciples come upon a strange pagoda in a mountain forest. Inside they discover the fearsome Yellow Robed Monster who is living a quiet life with his wife and their two children. Unfortunately the monster has a bad habit of ambushing and eating travelers. The travelers find themselves drawn into a story of timeless love and complex lies as they battle for survival against the monster and his allies. *[Book 11]*

The travelers arrive at level Top Mountain and encounter their most powerful adversaries yet: Great King Golden Horn and his younger brother Great King Silver Horn. These two monsters, assisted by their elderly mother and hundreds of well-armed demons, attempt to capture and liquefy Sun

Wukong, and eat the Tang monk and his other disciples. *[Book 12]*

Resuming their journey the monk and his disciples stop to rest at a mountain monastery in Black Rooster Kingdom. Tangseng is visited in a dream by someone claiming to be the ghost of a murdered king. Is he telling the truth or is he actually a demon in disguise? Sun Wukong offers to sort things out with his iron rod. But things do not go as planned. *[Book 13]*

Tangseng and his three disciples encounter a young boy hanging upside down from a tree. They rescue him only to discover that he is really Red Boy, a powerful and malevolent demon and, it turns out, Sun Wukong's nephew. The three disciples battle the demon but soon discover that he can produce deadly fire and smoke which nearly kills Sun Wukong. *[Book 14]*

Leaving Red Boy with the bodhisattva Guanyin, the travelers continue to the wild country west of China. They arrive at a strange city where Daoism is revered and Buddhism is forbidden. Sun Wukong gleefully causes trouble in the city, and finds himself in a series of deadly competitions with three Daoist Immortals. *[Book 15]*

Later, the travelers encounter a series of dangerous demons and monsters, including the Great Demon King who demands two human sacrifices each year *[Book 16]*, and a monster who uses a strange and powerful weapon to disarm and defeat the disciples. *[Book 17]*

Springtime comes and the travelers run into difficulties and temptations in a nation of women and girls. Tangseng and Zhu become pregnant after drinking from the Mother and Child River. Then Tangseng is kidnapped by a powerful female demon who takes him to her cave and tries to seduce him.

Book 18

Continuing their journey, Tangseng has harsh words for the monkey king Sun Wukong. His pride hurt, Sun Wukong complains to the Bodhisattva Guanyin and asks to be released from his service to the monk. She refuses his request. This leads to a case of mistaken identity and an earthshaking battle. *[Book 19]* Then the travelers find their path blocked by a huge blazing mountain eight hundred miles wide. Tangseng refuses to go around it, so Sun Wukong must discover why the mountain is burning and how they can cross it. *[Book 20]*

Three years after an evil rainstorm of blood covers a city and defiles a beautiful Buddhist monastery, Tangseng and his three disciples arrive. This leads to an epic underwater confrontation with the All Saints Dragon King and his family, and later a group of poetry loving but dangerous nature spirits. *[Book 21]*

Tangseng sees a sign, "Small Thunderclap Monastery," and foolishly thinks they have reached their goal. Sun Wukong sees through the illusion, but the false Buddha in the monastery traps him between two gold cymbals and plans to kill his companions. *[Book 22]*

Continuing on their journey, they meet the king of Scarlet Purple Kingdom. The king is gravely ill, sick with grief over the loss of one of his wives who was abducted by a nearby demon king. Sun Wukong pretends to be a doctor and attempts to cure the king with a treatment not found in any medical textbook. Then he goes to rescue the imprisoned queen, leading to an earth-shaking confrontation with the demon king. *[Book 23]*

Tangseng goes alone to beg some food at the home of some beautiful and seemingly gentle young women. He soon finds out that they are far from gentle. Trapped in their web, he waits to be cooked and eaten while his three disciples attempt to rescue him by confronting the spider demons, a horde of biting insects, and a mysterious Daoist alchemist. *[Book 24]*

Later, the travelers meet a trio of powerful demons: a blue-haired lion, an old yellow-tusked elephant, and a huge terrifying bird called Great Peng. They try but fail to defeat the three demons. Finally, with nowhere else to turn, Sun Wukong goes to Spirit Mountain to beg help from the Buddha himself. *[Book 25]*

Tangseng and his disciples arrive at the capital of Bhiksu Kingdom and see a thousand little boys locked in cages in front of their homes. Sun Wukong arranges to get them safely out of the city. Then he and the others unravel a plot devised by two demons who, disguised as a Daoist master and his lovely daughter, have beguiled the king. They must defeat the demon, release the king from his spell, and save the children. *[Book 26]*

Walking through a forest, Tangseng sees a young woman tied to a tree. Ignoring Sun Wukong's warning, he rescues her. But he soon discovers that she is a powerful mouse demon with a taste for human flesh and a desire to marry the monk. *[Book 27]*

Tangseng ignores a warning from the Bodhisattva Guanyin and finds himself in a city where the king has vowed to kill ten thousand Buddhist monks and has already finished off 9,996. The travelers desperately try to avoid being the final four. *[Book 28]*

Approaching the Indian border, the travelers find themselves in a kingdom where it hasn't rained for three years because the prefect has angered the King of Heaven. After causing trouble but solving the problem, they continue to another kingdom where the disciples' magic weapons are stolen by some powerful demons. *[Book 29]*

The weary monk Tangseng and his three troublemaking disciples have now been traveling for over fourteen years. They arrive at a city near the Indian border just in time for the annual Lantern Festival, when three Buddhas come down from the sky and gather up large quantities of special lamp oil. Unfortunately these are not true Buddhas but monsters. They grab Tangseng and spirit him away to their cave. The monkey king Sun Wukong must get help from four wood bird stars and a dragon king to rescue his master. *[Book 30]*

Barely surviving those trials, Tangseng and his disciples continue their westward journey…

The Last Trial
最后的苦难

Chapter 96

Wǒ qīn'ài de háizi, shìjiè bú xiàng tā kàn qǐlái de nàyàng! Zǐxì xiǎng xiǎng,

Gāng kāishǐ de shíhòu, xíng méiyǒu xíng

Kōng búshì zhēnde kōng

Yǒushēng hé wúshēng, shuōhuà hé bù shuōhuà dōu shì yíyàng de

Wèishénme mèng zhōng zài shuō mèng?

Yǒuyòng de, zài yòng de shíhòu jiù chéng wúyòng de

Wú gōngdé dàn gōngdé liú xià le gōngdé

Guǒzi chéngshú shí tā zìjǐ huì biàn hóng

Búyào wèn zhǒngzi shì zěnme shēngzhǎng de

Zuówǎn wǒ gàosù le nǐ Tángsēng hé tāde sān gè túdì shì zěnme dǎbài sān gè xīniú móguǐ, ránhòu jiù le bèi guān zài Bù Jīn Sì de gōngzhǔ. Tāmen jiù le gōngzhǔ hòu, jìxù xiàng xī zǒu. Xiànzài shì zǎo xià. Zhè shì yígè qíngtiān, yǔ hòu de lǐzi zhèngzài chéngshú, zhěnggè shìjiè kàn shàngqù dōu hěn míngliàng. Měitiān, sì wèi yóurén zài lí

第 96 章

我亲爱的孩子，世界不像它看起来的那样！仔细想想，

> 刚开始的时候，形没有形
> 空不是真的空
> 有声和无声，说话和不说话都是一样的
> 为什么梦中在说梦？

> 有用的，在用的时候就成无用的
> 无功德但功德留下了功德[1]
> 果子成熟时它自己会变红
> 不要问种子是怎么生长的

昨晚我告诉了你唐僧和他的三个徒弟是怎么打败三个犀牛魔鬼，然后救了被关在布金寺的公主。他们救了公主后，继续向西走。现在是早夏。这是一个晴天，雨后的李子正在成熟，整个世界看上去都很明亮。每天，四位游人在黎

---

[1] In the original JTW, this line is 无功功里施功 (wú gōng gōng lǐ shī gōng), which is very poetic but difficult to translate.

míng de shíhòu chī zǎofàn, ránhòu y zhěng tiān dōu zài zǒulù, zài tàiyáng xiàshān shí zhǎo yígè dìfāng shuìjiào.

Tāmen liǎng gè xīngqí lǐ méiyǒu yùdào rènhé máfan.

Ránhòu tāmen lái dào le lìng yígè chéngshì. Tángsēng wèn tā de dà túdì Sūn Wùkōng, "Zhè shì shénme dìfāng?"

Sūn Wùkōng shuō, "Wǒ bù zhīdào, wǒ yǐqián zǒuguò zhè tiáo lù, dàn wǒ zǒng shì zài gāo gāo de yún zhōng. Wǒ shénme dōu méiyǒu kàndào."

Tāmen jìxù zǒulù. Tángsēng kàndào liǎng gè lǎorén zuò zài lù biān. Tāmen zài tánzhe zhège hé nàge. "Túdìmen," Táng héshang shuō, "zài zhèlǐ děngzhe, búyào zhǎo rènhé máfan. Wǒ yào hé zhè liǎng gè rén tán tán." Ránhòu tā zǒu dào nà liǎng gè rén miànqián, shuāngshǒu hé zài yìqǐ, shuō, "Xiānshēngmen, zhège qióng héshang xiàng nǐmen wènhǎo!"

Tāmen táitóu kànzhe tā. Qízhōng yígè rén shuō, "Xiānshēng, nǐ yǒu shénme huà yào duì wǒmen shuō?"

"Wǒ cóng hěn yuǎn de dìfāng lái bàifó. Nǐ néng gàosù wǒ zhège dìfāng jiào shénme, wǒ kěyǐ zài nǎlǐ yào yìdiǎn shíwù?"

明的时候吃早饭，然后一整天都在走路，在太阳下山时找一个地方睡觉。

他们两个星期里没有遇到任何麻烦。然后他们来到了另一个城市。唐僧问他的大徒弟孙悟空，"这是什么地方？"

孙悟空说，"我不知道，我以前走过这条路，但我总是在高高的云中。我什么都没有看到。"

他们继续走路。唐僧看到两个老人坐在路边。他们在谈着这个和那个。"徒弟们，"唐和尚说，"在这里等着，不要找任何麻烦。我要和这两个人谈谈。"然后他走到那两个人面前，双手合在一起，说，"先生们，这个穷和尚向你们问好！"

他们抬头看着他。其中一个人说，"先生，你有什么话要对我们说？"

"我从很远的地方来拜佛。你能告诉我这个地方叫什么，我可以在哪里要一点食物？"

"Nǐ yǐjīng dào le Tóng Tái Fǔ. Rúguǒ nǐ xiǎng yào shíwù, jiù bù xūyào qù yàofàn. Yánzhe zhè tiáo jiē zǒu. Nǐ huì kàndào yígè kàn qǐlái xiàng zuòzhe de lǎohǔ de ménlóu. Nà shì Kòu Yuánwài de jiā. Nǐ huì kàndào yígè páizi, shàngmiàn xiězhe, 'Huānyíng wàn míng sēngrén.' Zài nàlǐ nǐ kěyǐ dédào nǐ xiǎng yào de suǒyǒu shíwù."

Tángsēng xiàng tāmen dàoxiè. Tā huí dào sān gè túdì shēnbiān, bǎ lǎorén shuō de huà gàosù le tāmen. Sān túdì Shā Wùjìng shuō, "Wǒmen xiànzài shì zài fózǔ de dìfāng, zhè jiùshì wèishénme tāmen hěn yuànyì gěi sēngrénmen shíwù. Wǒmen qù chīfàn ba."

Tāmen zǒu zài jiē shàng, chuānguò rénqún. "Búyào zhǎo máfan, búyào zhǎo máfan!" Tángsēng duì tāde zhǎo máfan de túdìmen shuō. Zǒu le yì xiǎoduàn lù, tāmen dào le Kòu Yuánwài de jiā. Tāmen kàndào páizi shàng xiězhe, 'Huānyíng wàn míng sēngrén.'

Èr túdì, zhū rén Zhū Bājiè, kāishǐ yào jìn lóu. Dàn Sūn Wùkōng ràng tā děngzhe, kàn kàn huìbúhuì yǒu rén chūlái jiàn tāmen. Tāmen zài lóu wài děngzhe. Guò le yīhuǐ'er, yígè púrén chūlái le.

"你已经到了铜台府[2]。如果你想要食物，就不需要去要饭。沿着这条街走。你会看到一个看起来像坐着的老虎的门楼。那是寇员外的家。你会看到一个牌子，上面写着，'欢迎万名僧人。'在那里你可以得到你想要的所有食物。"

唐僧向他们道谢。他回到三个徒弟身边，把老人说的话告诉了他们。三徒弟沙悟净说，"我们现在是在佛祖的地方，这就是为什么他们很愿意给僧人们食物。我们去吃饭吧。"

他们走在街上，穿过人群。"不要找麻烦，不要找麻烦！"唐僧对他的找麻烦的徒弟们说。走了一小段路，他们到了寇员外的家。他们看到牌子上写着，'欢迎万名僧人。'

二徒弟，猪人猪八戒，开始要进楼。但孙悟空让他等着，看看会不会有人出来见他们。他们在楼外等着。过了一会儿，一个仆人出来了。

---

[2]台 means "tower", "platform" or "terrace." Here it probably refers to an imposing building atop a platform.

Dāng tā kàndào zhè sì wèi yóurén shí, tā mǎshàng pǎo huí lǐmiàn. "Dàrén!" tā shuō, "sì gè zhǎng dé hěn qíguài de héshang zhèng zhàn zài wàimiàn."

Kòu Yuánwài yìzhí zài yuànzi lǐ zǒu lái zǒu qù, niànzhe fózǔ de míngzì. Dāng tā tīngdào zhè huà shí, jiù qù wàimiàn huānyíng tāde kèrén. Tā yìdiǎn yě bú hàipà. "Qǐng jìn, qǐng jìn!" tā shuō.

Sì míng yóurén gēnzhe Kòu Yuánwài jìn le wū. Kòu xiàng tāmen jièshào le fángzi lǐ de měi gè fángjiān, qízhōng yǒu fó diàn. Tángsēng chuān shàng sēngyī qù bàifó, jìn le dàdiàn. Tā kàndào le shénme?

Xiāng yún hé míngliàng de làzhú

Hěnduō kǔn sīchóu hé xiānhuā

Jīn zhōng guà zài hóng jiàzi shàng

Gǔ fàng zài mù jiàzi shàng

Qiān zūn fóxiàng quánshēn jīn

Tóng huāpíng, kè huā de hézi, kè huā de bōlí wǎn

Dēnghuǒ míngliàng, zhōng shēng yòu cháng yòu màn

当他看到这四位游人时，他马上跑回里面。
"大人！"他说，"四个长得很奇怪的和尚正站在外面。"

寇员外一直在院子里走来走去，念着佛祖的名字。当他听到这话时，就去外面欢迎他的客人。他一点也不害怕。"请进，请进！"他说。

四名游人跟着寇员外进了屋。寇向他们介绍了房子里的每个房间，其中有佛殿。唐僧穿上僧衣去拜佛，进了大殿。他看到了什么？

香云和明亮的蜡烛

很多捆丝绸和鲜花

金钟挂在红架子[3]上

鼓放在木架子上

千尊佛像全身金

铜花瓶，刻花的盒子，刻花的玻璃碗

灯火明亮，钟声又长又慢

---

[3] 架(子)　　jià(zi) – shelf

Zhè shì yígè bǐ sìmiào gèng měilì de bǎowū

Kòu Yuánwài xǐ le shǒu, kòutóu bàifó. Ránhòu, tā dài
yóurén lái dào túshūguǎn. Tāmen kàndào, nàlǐ de jīngshū
tài duō le, méiyǒu bànfǎ shǔ. Jǐ zhāng zhuōzi shàng dōu
fàng mǎn le zhǐ, mò hé máobǐ.

Kòu Yuánwài wèn Tángsēng shì shuí. "Wǒ shì Táng
huángdì sòng lái de," Táng héshang huídá shuō. "Lái guì
guó bài fózǔ, qǔ fójīng. Wǒ tīngshuō nǐ jiālǐ zūnjìng
sēngrén, suǒyǐ wǒmen xiǎng yào yìdiǎn shíwù. Ránhòu
wǒmen jiù jìxù wǒmen de lǚtú."

Kòu Yuánwài xiàozhe shuō, "Wǒ jiào Kòu Hóng. Wǒ hěn
bèn de huó le liùshísì nián. Zài wǒ sìshí suì de shíhòu, wǒ
fāguò shì yào gěi yí wàn míng sēngrén sòng fàn. Wǒ
méiyǒu shénme shìqing kěyǐ zuò, jiù bǎ tāmen shǔ le
yíxià, dào xiànzài, wǒ yǐjīng gěi 9,996 míng sēngrén
sòngguò fàn. Jīntiān, shàngtiān bǎ nǐmen sì wèi sòng lái
zhǎo wǒ. Wǒ xīwàng nǐmen néng hé wǒ yìqǐ zhù yígè yuè,
bāng wǒ yìqǐ qìngzhù. Ránhòu wǒ huì yòng mǎ hé jiàozi
sòng nǐmen qù Líng Shān. Tā lí

这是一个比寺庙更美丽的宝屋

寇员外洗了手，叩头拜佛。然后，他带游人来到图书馆。他们看到，那里的经书太多了，没有办法数。几张桌子上都放满了纸、墨和毛笔。

寇员外问唐僧是谁。"我是唐皇帝送来的，"唐和尚回答说。"来贵国拜佛祖，取佛经。我听说你家里尊敬僧人，所以我们想要一点食物。然后我们就继续我们的旅途。"

寇员外笑着说，"我叫寇洪。我很笨地活了六十四年。在我四十岁的时候，我发过誓要给一万名僧人送饭。我没有什么事情可以做，就把他们数了一下，到现在，我已经给 9,996 名僧人送过饭。今天，上天把你们四位送来找我。我希望你们能和我一起住一个月，帮我一起庆祝。然后我会用马和轿子送你们去灵山。它离

zhèlǐ zhǐyǒu bābǎi lǐ lù." Tángsēng mǎshàng tóngyì le.

Jǐ gè púrén zǒu jìn chúfáng zhǔnbèi mǐfàn, miàntiáo hé shūcài. Kòu Yuánwài de qīzi kàndào púrén zài gōngzuò. Tā wèn tāmen wèishénme yào zhǔnbèi fàn. Qízhōng yì rén huídá shuō, "Lái le sì gè héshang. Yígè hěn piàoliang, dàn qítā sān gè hěn chǒu. Tāmen gàosù wǒmen de zhǔrén, tāmen shì bèi dà Táng huángdì sòng qù Líng Shān bàifó de. Wǒmen de zhǔrén rènwéi tāmen shì cóng tiānshàng lái de. Tā ràng wǒmen zhǔnbèi sùshí."

"Nǐmen shénme dōu bù zhīdào," Kòu de qīzi xiào le xiào. "Dāng nǐ kàndào yígè chǒu de, qíguài de huò bù pǔtōng de rén shí, tāmen yídìng shì cóng tiānshàng xiàlái de. Xiànzài qù gàosù nǐmen de zhǔrén, wǒ lái jiàn kèrén le."

Púrénmen pǎo qù gàosù Kòu Yuánwài hé sì wèi kèrén. Jǐ fēnzhōng hòu, Kòu de qīzi zǒu jìn le fángjiān. Tā zǐxì kàn le kàn Tángsēng, ránhòu yòu kàn le kàn sān gè túdì. Tā xiāngxìn tāmen zhēnde shì cóng tiān shàng xiàlái de, dàn zài tā xiàng tāmen kòutóu shí, tā yǒu

这里只有八百⁴里路。"唐僧马上同意了。

几个仆人走进厨房准备米饭、面条和蔬菜。寇员外的妻子看到仆人在工作。她问他们为什么要准备饭。其中一人回答说，"来了四个和尚。一个很漂亮，但其他三个很丑。他们告诉我们的主人，他们是被大唐皇帝送去灵山拜佛的。我们的主人认为他们是从天上来的。他让我们准备素食。"

"你们什么都不知道，"寇的妻子笑了笑。"当你看到一个丑的、奇怪的或不普通的人时，他们一定是从天上下来的。现在去告诉你们的主人，我来见客人了。"

仆人们跑去告诉寇员外和四位客人。几分钟后，寇的妻子走进了房间。她仔细看了看唐僧，然后又看了看三个徒弟。她相信他们真的是从天上下来的，但在她向他们叩头时，她有

----

4 One 里 (lǐ) is about 1/3 of a mile. The famous proverb from the Dao De Jing, "A journey of a thousand miles begins with a single step" actually refers to a thousand *li*, not miles: 千里之行, 始於足下 (qiān lǐ zhī xíng, shǐ yú zú xià).

diǎn jǐnzhāng.

Tángsēng yě xiàng tā jūgōng, duì tā shuō, "Fùrén, wǒ búpèi dédào zhège róngyù."

Jiù zài zhè shí, yòu yǒu yígè púrén zǒu le jìnlái, shuō, "Liǎng wèi xiǎo zhǔrén lái le." Liǎng gè niánqīng rén zǒu jìn fángjiān, kàndào kèrén hòu, xiàng tāmen shēn shēn de jūgōng.

Kòu shuō, "Zhè shì wǒde liǎng gè érzi. Tāmen jiào Kòu Liáng hé Kòu Dòng. Tāmen gāng cóng xuéxiào huílái, hái méiyǒu chī zhōngfàn. Tāmen tīngshuō nǐmen zài zhèlǐ, jiù lái xiàng nǐmen kētóu."

"Duōme hǎo de érzi a!" Tángsēng shuō. "Shìde, nǐ érzi hé sūnzi de chénggōng shì yóu tāmen zài xuéxiào de xuéxí juédìng de."

"Zhèxiē dàrén cóng nǎlǐ lái?" Qízhōng yígè érzi wèn tāde fùqīn.

"Cóng hěn yuǎn de dìfāng," tā huídá shuō. "Shì Táng huángdì sòng tāmen lái de."

点紧张。

唐僧也向她鞠躬，对她说，"妇人，我不配得到这个荣誉。"

就在这时，又有一个仆人走了进来，说，"两位小主人来了。"两个年轻人走进房间，看到客人后，向他们深深地鞠躬。

寇说，"这是我的两个儿子。他们叫寇梁和寇栋。他们刚从学校回来，还没有吃中饭。他们听说你们在这里，就来向你们磕头。"

"多么好的儿子啊！"唐僧说。"是的，你儿子和孙子的成功是由他们在学校的学习决定的。"

"这些大人从哪里来？"其中一个儿子问他的父亲。

"从很远的地方，"他回答说。"是唐皇帝送他们来的。"

"Wǒmen dúdàoguò, shuō shìjiè shàng yǒu sì gè dàzhōu. Wǒmen zài xī dàzhōu, nǐmen láizì nán dàzhōu. Nǐmen zǒu le duōjiǔ le?"

"Hěnjiǔ hěnjiǔ le," Tángsēng huídá. "Zài guòqù de shísì gè dōngtiān hé xiàtiān, wǒmen yùdào le xǔduō móguǐ hé yāoguài, shòudào le hěn dà de tòngkǔ. Wǒ qiàn wǒde sān gè túdì hěnduō."

Jiù zài zhè shí, yànhuì yǐjīng zhǔnbèi hǎo le. Kòu Yuánwài hé sì wèi yóurén zuò xiàlái chīfàn, Kòu de qīzi hé niánqīng rén huí dào le fángzi lǐ. Yǒu shūcài tāng, mǐfàn, bāozi hé xǔduō zhǒng shuǐguǒ. Púrén pǎo lái pǎo qù de sòng shíwù, sì, wǔ gè chúshī zài chúfáng lǐ gōngzuò. Yì wǎn wǎn de shíwù xiāoshī zài Zhū de zuǐ lǐ, jiù xiàng bèi fēng chuī zǒu de yún yíyàng. Měi gè rén dōu chī dào bǎo.

Tāmen chī wán hòu, Tángsēng gǎnxiè le Kòu Yuánwài. Yóurénmen zhǔnbèi

"我们读到过，说世界上有四个大洲[5]。我们在西大洲，你们来自南大洲。你们走了多久了？"

"很久很久了，"<u>唐僧</u>回答。"在过去的十四个冬天和夏天，我们遇到了许多魔鬼和妖怪，受到了很大的痛苦。我欠我的三个徒弟很多。"

就在这时，宴会已经准备好了。<u>寇员外</u>和四位游人坐下来吃饭，<u>寇</u>的妻子和年轻人回到了房子里。有蔬菜汤，米饭，包子和许多种水果。仆人跑来跑去地送食物，四、五个厨师在厨房里工作。一碗碗的食物消失在<u>猪</u>的嘴里，就像被风吹走的云一样。每个人都吃到饱。

他们吃完后，<u>唐僧</u>感谢了<u>寇员外</u>。游人们准备

---

[5] In ancient Buddhist teachings, there are four island-continents which surround Mount Meru. They are Purvavideha in the East where Sun Wukong was born, Aparagodaniya in the West where Sun Wukong first traveled and met his first teacher, Jambudvipa in the South where the Tang Empire is located, and Uttarakuru in the North past the Himalayas. Each continent has people with different characteristics, except for the Chamara region of Jambudvipa which is inhabited by demons.

líkāi. Dàn Kòu shuō, "Lǎoshī, nǐ wèishénme búzài zhèlǐ zhù jǐ tiān, fàngsōng yíxià ne? Zhèng xiàng gǔrén shuō de, 'kāishǐ yíduàn lǚtú hěn róngyì, dàn jiéshù yíduàn lǚtú hěn nán.' Qǐng liú xiàlái, zhù dào qìngzhù wǒ wánchéng gěi yí wàn míng sēngrén sòng fàn de shìyuàn de nàtiān."

Tāmen zhù le yígè xīngqī zuǒyòu. Zài nà zhōu jiéshù de shíhòu, nàge dìfāng de èrshísì míng fójiào héshang qián lái jǔxíng le diǎnlǐ.

Dàdiàn lǐ guàzhe qízi

Yì pái pái de làzhú hé shāozhe de xiāng

Gǔ, luó hé dí fāchū de yīnyuè

Héshang niànjīng de shēngyīn

Měi gè rén dōu xiàng fóxiàng shēn shēn de jūgōng

Dēng diǎn liàngzhe

Jǔxíng le bài shuǐ diǎnlǐ

Niàn Huá Yán Jīng

离开。但寇说，"老师，你为什么不在这里住几天，放松一下呢？正像古人说的，'开始一段旅途很容易，但结束一段旅途很难。'请留下来，住到庆祝我完成给一万名僧人送饭的誓愿的那天。"

他们住了一个星期左右。在那周结束的时候，那个地方的二十四名佛教和尚前来举行了典礼。

大殿里挂着旗子

一排[6]排的蜡烛和烧着的香

鼓、锣和笛发出的音乐

和尚念经的声音

每个人都向佛像深深地鞠躬

灯点亮着

举行了拜水典礼

念华严经[7]

---

[6] 排　　pái – row, (measure word for row)

[7] This is the Avatamsaka Sutra, written in the 3rd or 4th century. It describes the universe as seen by an enlightened being who sees all phenomena as empty and interpenetrating.

Měi gè dìfāng de héshang dōu shì yíyàng de!

Diǎnlǐ jiéshù hòu, Tángsēng xièguò zhǔrén, zhǔnbèi líkāi. Kòu kànzhe tā shuō, "Lǎoshī, nǐ zhēnde xiǎng líkāi. Wǒ xiǎng wǒmen yídìng shì zài mángzhe zhǔnbèi diǎnlǐ de shíhòu, méiyǒu fúwù hǎo nǐ."

Tángsēng huídá shuō, "Xiānshēng, wǒmen gěi nǐ zhǎo le hěn dà de máfan, wǒmen yǒngyuǎn dōu méiyǒu bànfǎ bàodá nǐ. Dàn zài wǒ líkāi jiā de shíhòu, wǒde huángdì wèn wǒ yào zǒu duōjiǔ. Wǒ hěn bèn de gàosù tā yào sān nián. Xiànzài yǐjīng shísì nián le. Wǒ bù zhīdào wǒmen néng bùnéng qǔ dào fójīng, yě bù zhīdào huí dào Táng guó xūyào duō cháng shíjiān. Wǒ zěnme néng bù tīng huángdì de mìnglìng ne? Qǐng ràng wǒmen zǒu. Xiàcì wǒmen lái zhèlǐ de shíhòu, wǒ kěyǐ duō zhù jǐ tiān."

Zhū tīngdào zhè huà jiù shēngqì le. Tā shuō, "Shīfu, nǐ yìdiǎn dōu bù guānxīn wǒmen. Zhè wèi lǎorén hěn yǒu qián, tā xiǎng ràng wǒmen liú xiàlái. Zài zhèlǐ zhù yì nián huò gèng cháng shíjiān, zhè yǒu shānghài ma? Wèishénme yào líkāi suǒyǒu zhèxiē hàochī de shíwù? Zhèyàng wǒmen jiù kěyǐ chūqù yàofàn le ma?"

每个地方的和尚都是一样的！

典礼结束后，<u>唐僧</u>谢过主人，准备离开。<u>寇</u>看着他说，"老师，你真的想离开。我想我们一定是在忙着准备典礼的时候，没有服务好你。"

<u>唐僧</u>回答说，"先生，我们给你找了很大的麻烦，我们永远都没有办法报答你。但在我离开家的时候，我的皇帝问我要走多久。我很笨地告诉他要三年。现在已经十四年了。我不知道我们能不能取到佛经，也不知道回到<u>唐</u>国需要多长时间。我怎么能不听皇帝的命令呢？请让我们走。下次我们来这里的时候，我可以多住几天。"

<u>猪</u>听到这话就生气了。他说，"师父，你一点都不关心我们。这位老人很有钱，他想让我们留下来。在这里住一年或更长时间，这有伤害吗？为什么要离开所有这些好吃的食物？这样我们就可以出去要饭了吗？"

Tángsēng duì tā hǎn dào, "Nǐ guānxīn de zhǐshì shíwù, nǐ zhège kǔlì! Nǐ yìdiǎn búzàihū zěnme ràng nǐ biàn chéng gèng hǎo de rén. Zhēnde, nǐ shì yígè zhǐ guānxīn zhuāng mǎn dùzi de shòu. Rúguǒ nǐ xiǎng liú zài zhèlǐ, méiguānxì, shèngxià de lù wǒ zìjǐ yígè rén zǒu."

Sūn Wùkōng tīngdào zhè huà, kàndào shīfu shēngqì le, tā yì quán dǎ zài Zhū de tóu shàng, shuō, "Nǐ zhège bèn rén, nǐ xiànzài yǐjīng ràng shīfu shēngqì le."

Kòu tīngdào le zhè. Tā xiàozhe duì Tángsēng shuō, "Bié nàme shēngqì, lǎoshī. Nǐ cái lái zhèlǐ liǎng gè xīngqī. Jīntiān shèngxià de shíjiān lǐ qǐng fàngsōng yíxià. Wǒmen míngtiān huì bāng nǐmen líkāi."

Kòu de qīzi shuō, tā yǒu yìdiǎn qián, hěn yuànyì yòng tā lái fù héshangmen zài zhù liǎng gè xīngq de qián. Liǎng gè érzi yě shuō yào gěi héshangmen liǎng gè xīngqī de shíwù.

"Qiú nǐmen le," Tángsēng shuō, "wǒ bù gǎn zài liú xiàlái le. Rúguǒ wǒ xiànzài bù zǒu, wǒde huángdì yídìng huì yīnwèi wǒ bù tīng tāde mìnglìng bǎ wǒ shā le."

唐僧对他喊道，"你关心的只是食物，你这个苦力！你一点不在乎怎么让你变成更好的人。真的，你是一个只关心装满肚子的兽。如果你想留在这里，没关系，剩下的路我自己一个人走。"

孙悟空听到这话，看到师父生气了，他一拳打在猪的头上，说，"你这个笨人，你现在已经让师父生气了。"

寇听到了这。他笑着对唐僧说，"别那么生气，老师。你才来这里两个星期。今天剩下的时间里请放松一下。我们明天会帮你们离开。"

寇的妻子说，她有一点钱，很愿意用它来付和尚们再住两个星期的钱。两个儿子也说要给和尚们两个星期的食物。

"求你们了，"唐僧说，"我不敢再留下来了。如果我现在不走，我的皇帝一定会因为我不听他的命令把我杀了。"

Zhū yòu yāoqiú tāde shīfu duō zhù jǐ tiān. Tángsēng zàicì duì tā dà hǎn. Sūn Wùkōng duì Zhū shuō de huà xiào le, zhè ràng Tángsēng wēixié shuō yào niàn jǐn tóu dài yǔ.

Kòu Yuánwài tīng le yízhèn zhēnglùn, ránhòu tā shuō. "Lǎoshīmen, qǐng búyào zhēnglùn le. Nǐmen míngtiān jiù kěyǐ zǒu le." Tā yāoqǐng le yìbǎi gè péngyǒu hé línjū dì èr tiān lái hé héshangmen shuō zàijiàn. Tā gàosù tāde púrén zhǔnbèi lìng yì chǎng dà yànhuì. Tā zuò le èrshí miàn dà cǎiqí. Tā qǐng le yìqún yīnyuè jiā, hái qǐng lái le jǐ wèi fójiào hé dàojiào héshang lái qídǎo.

Púrén yì zhěng yè zài zhǔnbèi yànhuì, zuò cǎiqí. Héshang hé yīnyuèjiāmen yì zhěng yè gǎnlù, zǎoshàng dào le Kòu jiā. Dì èr tiān zǎoshàng, Tángsēng hé tāde túdìmen qǐchuáng zhǔnbèi líkāi. Zhū bù gāoxìng, dàn tā háishì zhǔnbèi le xínglǐ. Shā fàngshàng mǎ tào. Sūn Wùkōng ná qǐ shīfu de guǎizhàng gěi tā, ránhòu bǎ tāmen de tōngguān wénshū guà zài zìjǐ de bózi shàng. Tāmen dōu zhǔnbèi hǎo le líkāi.

Kòu Yuánwài zǒu le guòlái, bǎ tāmen qǐng dào yígè dàdiàn lǐ, nàlǐ zhèngzài jǔxíng yànhuì. Zhège yànhuì bǐ tāmen qián yì tiān jǔxíng

猪又要求他的师父多住几天。唐僧再次对他大喊。孙悟空对猪说的话笑了，这让唐僧威胁[8]说要念紧头带语。

寇员外听了一阵争论，然后他说。"老师们，请不要争论了。你们明天就可以走了。"他邀请了一百个朋友和邻居第二天来和和尚们说再见。他告诉他的仆人准备另一场大宴会。他做了二十面大彩旗。他请了一群音乐家，还请来了几位佛教和道教和尚来祈祷。

仆人一整夜在准备宴会，做彩旗。和尚和音乐家们一整夜赶路，早上到了寇家。第二天早上，唐僧和他的徒弟们起床准备离开。猪不高兴，但他还是准备了行李。沙放上马套。孙悟空拿起师父的拐杖给他，然后把他们的通关文书挂在自己的脖子上。他们都准备好了离开。

寇员外走了过来，把他们请到一个大殿里，那里正在举行宴会。这个宴会比他们前一天举行

---

8 威胁　　　　wēixié – threaten

de yànhuì hái yào dà.

"Xiōngdìmen," Zhū shuō, "fàngsōng yíxià, néng chī duōshǎo jiù chī duōshǎo. Wǒmen líkāi zhèlǐ hòu, búhuì zài yǒu zhèyàng de shíwù le."

"Búyào bǎ dùzi chī dé tài bǎo," Sūn Wùkōng huídá. "Líkāi zhèlǐ hòu wǒmen hái yào zǒulù."

Kuài dào zhōngwǔ de shíhòu, Tángsēng jǔ qǐ kuàizi, niàn le fójīng, jiù kāishǐ chīfàn le. Tāmen dōu chī le fàn, dàn Zhū hěn kuài chī le liù wǎn mǐfàn. Ránhòu tā bǎ hěnduō shíwù fàng jìn xiùzi lǐ, bù fēn hǎo huài.

Zhèngdàng tāmen yào líkāi shí, fójiào hé dàojiào héshang dào le. Kòu Yuánwài duì tāmen shuō, "Xiānshēngmen, nǐmen lái wǎn le. Wǒmen de lǎoshī mǎshàng jiù yào líkāi, suǒyǐ wǒ bùnéng gěi nǐmen shíwù." Ránhòu, sì wèi yóurén zài Kòu de yìqún péngyǒu hé qīnqī de bāowéi xià, kāishǐ xiàng xī zǒu. Kōngqì zhòng dōu shì gǔ, luó hé dí de yīnyuè. Cǎiqí zài fēng zhōng piāozhe.

Tāmen yìqǐ zǒu le sān, sì lǐ lù. Tāmen lái dào yígè tíngzi lǐ, nàlǐ fàngzhe chī de hé hē de. Tāmen dōu jǔ qǐ bēizi,

的宴会还要大。

"兄弟们，"猪说，"放松一下，能吃多少就吃多少。我们离开这里后，不会再有这样的食物了。"

"不要把肚子吃得太饱，"孙悟空回答。"离开这里后我们还要走路。"

快到中午的时候，唐僧举起筷子，念了佛经，就开始吃饭了。他们都吃了饭，但猪很快吃了六碗米饭。然后他把很多食物放进袖子里，不分好坏。

正当他们要离开时，佛教和道教和尚到了。寇员外对他们说，"先生们，你们来晚了。我们的老师马上就要离开，所以我不能给你们食物。"然后，四位游人在寇的一群朋友和亲戚的包围下，开始向西走。空气中都是鼓、锣和笛的音乐。彩旗在风中飘着。

他们一起走了三、四里路。他们来到一个亭子里，那里放着吃的和喝的。他们都举起杯子，

hùxiāng jìngjiǔ.

Kòu Yuánwài rěn zhù bù kū, tā shuō, "Lǎoshī, nǐ cóng
Líng Shān huílái shí, qǐng lái kàn kàn wǒmen."

Tángsēng huídá shuō, "Rúguǒ wǒ dào Líng Shān, jiàn le
fózǔ, wǒ zuò de dì yī jiàn shì jiùshì chēngzàn nǐ. Wǒmen
huílái de shíhòu yídìng huì lái kàn nǐ." Tāmen jìxù xiàng xī
zǒu, zhōngyú Kòu hé tāde péngyǒumen huíqù le, liú xià
sì wèi yóurén jìxù qián xíng.

Tāmen yòu zǒu le sì, wǔshí lǐ lù. Zhè shí tiān yǐjīng hēi le.
"Yǐjīng hěn wǎn le," Tángsēng shuō. "Wǒmen jīn wǎn
zhù zài nǎlǐ?"

Zhū réngrán bù gāoxìng. Tā shuō, "Nǐ shì nàge xiǎng líkāi
hàochī de shíwù hé wēnnuǎn de chuáng, jìxù zǒulù de
rén. Xiànzài yǐjīng hěn wǎn le. Rúguǒ kāishǐ xià yǔ zěnme
bàn?"

"È shòu," Tángsēng shuō. "Rúguǒ shàngtiān ràng wǒmen
bàijiàn fózǔ, qǔ zhēn jīng dài huí Táng dìguó, wǒ jiù ràng
nǐ zài yù chúfáng lǐ chī shàng duōnián. Ránhòu nǐ huì biàn
dé fēicháng pàng, nàyàng nǐ huì

互相敬酒。

寇员外忍住不哭，他说，"老师，你从灵山回来时，请来看看我们。"

唐僧回答说，"如果我到灵山，见了佛祖，我做的第一件事就是称赞你。我们回来的时候一定会来看你。"他们继续向西走，终于寇和他的朋友们回去了，留下四位游人继续前行。

他们又走了四、五十里路。这时天已经黑了。"已经很晚了，"唐僧说。"我们今晚住在哪里？"

猪仍然不高兴。他说，"你是那个想离开好吃的食物和温暖的床、继续走路的人。现在已经很晚了。如果开始下雨怎么办？"

"恶兽，"唐僧说。"如果上天让我们拜见佛祖，取真经带回唐帝国，我就让你在御厨房里吃上多年。然后你会变得非常胖，那样你会

bàoliè. Nà huì jiāo nǐ chéngwéi yígè è móguǐ." Zhū duì zìjǐ xiào le xiào, méiyǒu zàishuō yíjù huà.

Sūn Wùkōng zài lù biān kàndào le yìxiē lóu. Tā shuō, "Wǒmen zài nà biān xiūxi ba!"

Tángsēng zǒu dào qízhōng yí dòng lóu qián. Tā kàndào yígè hěn jiù, dōu shì huīchén de páizi. Shàngmiàn xiězhe, "Huá Guāng Xínggōng." Tā duì qítā rén shuō, "Huá Guāng púsà shì Huǒyàn Wǔ Guāng fózǔ de túdì. Tā yīnwèi shā sǐ Dú Huǒ Mówáng shòudào chéngfá. Zhèlǐ yídìng yǒu shénshè."

Tāmen yìqǐ jìnqù le. Zhège dìfāng shì yípiàn fèixū. Chéngqiáng dǎo le, měi chù dōu zhǎng mǎn le cǎomù. Tāmen běnlái xiǎng líkāi de, dàn wàimiàn yǐjīng kāishǐ xià yǔ le. Suǒyǐ tāmen zài nàlǐ liú le yíyè, zài hēi'àn zhōng zuòzhe huò zhànzhe.

爆裂[9]。那会教你成为一个饿魔鬼。"猪对自己笑了笑，没有再说一句话。

孙悟空在路边看到了一些楼。他说，"我们在那边休息吧！"

唐僧走到其中一栋楼前。他看到一个很旧、都是灰尘的牌子。上面写着，"华光行宫。"他对其他人说，"华光菩萨是火焰五光佛祖的徒弟。他因为杀死毒火魔王受到惩罚。这里一定有神社。"

他们一起进去了。这个地方是一片废墟[10]。城墙倒了，每处都长满了草木。他们本来想离开的，但外面已经开始下雨了。所以他们在那里留了一夜，在黑暗中坐着或站着。

---

9 爆裂　　　　bàoliè – to burst
10 废墟　　　　fèixū – ruins

Dì 97 Zhāng

Jiù zài sì wèi yóurén zài Huá Guāng Xínggōng xiūxi de shíhòu, yìqún qiángdào zài Tóng Tái Fǔ zuòzhe shuōhuà. Zhèxiē qiángdào láizì hào jiātíng, dàn tāmen dōu bǎ qián yòng zài hējiǔ hé dǔqián shàng. Xiànzài tāmen xūyào qián. Suǒyǐ, tāmen juédìng yìqǐ cóng Tóng Tái Fǔ lǐ zuì yǒu qián de jiātíng nàlǐ tōu dōngxi.

Qízhōng yígè qiángdào shuō, "Zhè shì búyòng duō xiǎng. Wǒmen dōu zhīdào, zhège chéngshì zuì yǒu qián de rén shì Kòu Yuánwài. Jīn wǎn xià yǔ le, suǒyǐ méiyǒu rén huì shàng jiē. Ràng wǒmen tōu tāde qián. Ránhòu wǒmen jiù kěyǐ qù dǔqián, hé nǚ háizimen yìqǐ wán!"

Qítā de qiángdào yě tóngyì le. Suǒyǐ, tāmen zài yǔzhōng xiàng Kòu Yuánwài de fángzi zǒu qù. Tāmen dàizhe dāo, jiàn, guǎizhàng, shéngzi hé huǒjù. Tāmen dǎkāi le Kòu Yuánwài jiā de dàmén. Fángzi lǐ de rén dōu pǎo le. Qiángdàomen chōng rù fángzi, názhe huǒjù zhǎo bǎobèi. Tāmen názǒu le suǒyǒu néng ná de jīn, yín, zhūbǎo hé piàoliang de yīfú.

Kòu Yuánwài kàn bú xiàqù le. Tā pǎo huí wū lǐ, hǎn dào, "Dàwángmen, qiú qiú nǐmen názǒu suǒyǒu nǐmen xiǎng yào de bǎobèi. Qǐng

第 97 章

就在四位游人在<u>华光行宫</u>休息的时候，一群强盗在<u>铜台府</u>坐着说话。这些强盗来自好家庭，但他们都把钱用在喝酒和赌钱上。现在他们需要钱。所以，他们决定一起从<u>铜台府</u>里最有钱的家庭那里偷东西。

其中一个强盗说，"这事不用多想。我们都知道，这个城市最有钱的人是<u>寇员外</u>。今晚下雨了，所以没有人会上街。让我们偷他的钱。然后我们就可以去赌钱，和女孩子们一起玩！"

其他的强盗也同意了。所以，他们在雨中向<u>寇员外</u>的房子走去。他们带着刀、剑、拐杖、绳子和火炬。他们打开了<u>寇员外</u>家的大门。房子里的人都跑了。强盗们冲入房子，拿着火炬找宝贝。他们拿走了所有能拿的金、银、珠宝和漂亮的衣服。

<u>寇员外</u>看不下去了。他跑回屋里，喊道，"大王们，求求你们拿走所有你们想要的宝贝。请

gěi wǒ liú jǐ jiàn wǒ sǐ de shíhòu chuān de yīfú!" Dàn
qiángdào bǎ tā tī dào zài dì. Tāde sān hún piāo huí le
dìyù, tā de qī pò màn màn de líkāi le rénjiān.

Qiángdào líkāi hòu, jiālǐ de qítā rén yòu huí dào le fángzi
lǐ. Tāmen kàndào Kòu Yuánwài sǐ zài dìshàng. Tāmen dōu
kū le qǐlái, shuō, "Tiān nǎ, wǒmen de zhǔrén bèi shā le!"

Kòu fūrén juédé Tángsēng hé tāde sān gè túdì yào wèi
zhè chǎng zāinàn fùzé. Tā duì érzi men shuō, "Nǐ fùqīn
gěi le yí wàn míng sēngrén shíwù. Shuí néng xiǎngdào,
zuìhòu sì gè rén huì huílái bǎ tā shā le?"

"Mǔqīn," xiōngdì liǎ shuō, "nǐ zěnme zhīdào shì tāmen
zuò de?"

"Wǒ duǒ zài chuáng dǐ xia. Wǒ kàndào Tángsēng názhe
huǒjù, Zhū Bā

给我留几件我死的时候穿的衣服！"但强盗把他踢倒在地。他的三魂飘回了地狱，他的七魄[11]慢慢地离开了人间[12]。

强盗离开后，家里的其他人又回到了房子里。他们看到寇员外死在地上。他们都哭了起来，说，"天哪，我们的主人被杀了！"

寇夫人觉得唐僧和他的三个徒弟要为这场灾难负责。她对儿子们说，"你父亲给了一万名僧人食物。谁能想到，最后四个人会回来把他杀了？"

"母亲，"兄弟俩说，"你怎么知道是他们做的？"

"我躲在床底下。我看到唐僧拿着火炬，猪八

---

11 魄 　　　pò – soul
12 In Chinese tradition each person has two kinds of souls. The spiritual part of a person is 魂 (hún). It is *yang*, comes from the heavens, and returns there upon death. The animal or physical part of a person is 魄 (pò). It is *yin*, comes from the underworld, and rejoins it after death. There are three kinds of hun and seven kinds of po. But in this story, for some reason, Squire Kou's three 魂 and seven 魄 seem to head in the wrong directions.

Jiè názhe dāo, Shā Wùjìng ná le jīn yín, nà zhī è hóu shā le nǐmen de fùqīn."

"Mǔqīn, rúguǒ nǐ kàndào le, nàme nǐ yídìng shì duì de. Tāmen zài zhèlǐ zhù le liǎng gè xīngqī, fēicháng liǎojiě zhè dòng fángzi. Tāmen yídìng xiǎngyào wǒmen de bǎobèi, zài hēiyè hé yǔ zhōng huílái názǒu le bǎobèi. Tài xié'è le! Zǎoshàng, wǒmen qù xiàng jùnhóu bàogào zhè shì."

Tóng Tái Fǔ de jùnhóu shì ge hǎorén. Xiǎoshíhòu, tā zài xuě guāng xià xuéxí, hái cānjiā le kǎoshì, chéngwéi yì míng zhèngfǔ guānyuán. Tā xīnzhōng zhuāng mǎn réncí. Tāde míngzì huì bèi rénmen jì qiānnián.

Dì èr tiān, Kòu Liáng hé Kòu Dòng qù jiàn jùnhóu. Tāmen shuō, "Dàrén, wǒmen lái gào yìxiē qiángdào hé shārén fàn."

Jùnhóu huídá shuō, "Wǒ tīngshuō nǐ jiā gānggāng wánchéng le gěi yí wàn míng sēngrén shíwù de shìyuàn. Zěnme huì fāshēng zhèyàng de shì

戒拿着刀，沙悟净拿了金银，那只恶猴杀了你们的父亲。"

"母亲，如果你看到了，那么你一定是对的。他们在这里住了两个星期，非常了解这栋房子。他们一定想要我们的宝贝，在黑夜和雨中回来拿走了宝贝。太邪恶了！早上，我们去向郡侯报告这事。"

铜台府的郡侯是个好人。小时候，他在雪光下学习[13]，还参加了考试，成为一名政府官员。他心中装满仁慈。他的名字会被人们记千年。

第二天，寇梁和寇栋去见郡侯。他们说，"大人，我们来告一些强盗和杀人犯。"

郡侯回答说，"我听说你家刚刚完成了给一万名僧人食物的誓愿。怎么会发生这样的事

---

[13] This is a reference to the legend of Sun Kang, a poor young man who wanted to study at night. He could not afford lamp oil and there were no fireflies in winter, so he went outdoors in the freezing cold and read books by moonlight reflected off the snow-covered ground. Thus the saying 如囊萤，如映雪 (rú náng yíng, rú yìng xuě), "like a bag of fireflies, like the snow's reflection," describes anyone who studies hard despite poverty.

ne?"

"Dàrén, wǒmen de fùqīn gěi sēngrén shíwù yǐjīng yǒu
èrshísì nián le. Zuìhòu de sì wèi sēngrén hé wǒmen yìqǐ
zhù le liǎng gè xīngqī. Tāmen liǎojiě le guānyú wǒmen de
fángzi hé wǒmen de bǎobèi de yíqiè. Tāmen zuótiān
zǎoshàng líkāi, zuó wǎn tāmen dàizhe wǔqì huílái.
Tāmen tōuzǒu le wǒmen de bǎobèi, shā sǐ le wǒmen de
fùqīn. Wǒmen qiú nǐ bāng wǒmen, wèi wǒmen fùqīn de
sǐ bàochóu!" Jùnhóu tóngyì le, mìnglìng yìbǎi wǔshí rén
xiàng xī qù zhuā Táng héshang hé tāde túdì.

Qiángdàomen shā sǐ le Kòu Yuánwài hòu, jiù xiàng xī zǒu.
Tāmen jīngguò le Tángsēng hé tāde túdìmen zhù de Huá
Guāng Xínggōng. Qiángdàomen tíng zài Huá Guāng
Xínggōng xiàng xī jǐ lǐ wài de lù biān, fēn bǎobèi. Jiù zài
tāmen zhèyàng zuò de shíhòu, Tángsēng hé tāde
túdìmen lái dào le lùshàng, yùdào le tāmen.

"Kàn," qízhōng yígè qiángdào shuō, "zhèxiē búshì
zuótiān líkāi Kòu jiā de héshang ma?"

"Ó, hěn hǎo!" qítā de qiángdào shuō. "Zhèxiē héshang
zài Kòu jiālǐ zhù le hěn cháng shíjiān. Wǒ gǎn dǎdǔ,
tāmen yǒu hěnduō

呢？"

"大人，我们的父亲给僧人食物已经有二十四年了。最后的四位僧人和我们一起住了两个星期。他们了解了关于我们的房子和我们的宝贝的一切。他们昨天早上离开，昨晚他们带着武器回来。他们偷走了我们的宝贝，杀死了我们的父亲。我们求你帮我们，为我们父亲的死报仇！"郡侯同意了，命令一百五十人向西去抓唐和尚和他的徒弟。

强盗们杀死了寇员外后，就向西走。他们经过了唐僧和他的徒弟们住的华光行宫。强盗们停在华光行宫向西几里外的路边，分宝贝。就在他们这样做的时候，唐僧和他的徒弟们来到了路上，遇到了他们。

"看，"其中一个强盗说，"这些不是昨天离开寇家的和尚吗？"

"哦，很好！"其他的强盗说。"这些和尚在寇家里住了很长时间。我敢打赌，他们有很多

Kòu de jīn hé yín. Wǒmen qù ná tāmen de bǎobèi hé tāmen de báimǎ." Tāmen zhàn zài lù zhōngjiān, huīdòngzhe wǔqì, dà hǎn, "Héshangmen, zhàn zài nǐmen de dìfāng. Bǎ nǐmen de jīn yín hé mǎ gěi wǒmen. Rúguǒ nǐmen shuō bàn gè 'bù' zì, wǒmen jiù shā le nǐmen, búhuì réncí."

Sūn Wùkōng xiào le xiào, duì qítā rén shuō, "Bié hàipà. Wǒ huì qù wèn tāmen jǐ gè wèntí." Tā zǒu dào qiángdào miànqián, shuāngshǒu hé zài yìqǐ, fàng zài xiōng qián, wèn dào, "Nǐmen zhèxiē xiānshēng zài zuò shénme?"

"Nǐ búzàihū shì shēng shì sǐ ma?" tāmen duì tā dà hǎn dà jiào. "Xiànzài jiù bǎ nǐmen de bǎobèi dōu ná chūlái!"

"Ò, dàwáng, wǒ zhǐshì yígè láizì xiāngcūn de qióng héshang. Wǒ bù zhīdào yào shuō shénme, qǐng búyào shēngqì. Nǐ kěyǐ ná zǒu wǒmen suǒyǒu de qián, zhè méi wèntí. Dàn ràng qítā sān gè zǒu ba. Qí zài mǎshàng de rén shì wǒde shīfu. Tā néng zuò de jiùshì niàn fójīng, tā yǐjīng bú jìdé suǒyǒu guānyú cáifù hé xìng de shì. Hēi liǎn rén shì yígè jiǎndān de rén, tā zhǐshì zhàogù mǎ. Nàge dà ěrduǒ de rén shì ge kǔlì, tā zhǐshì dàizhe dōngxi. Qǐng ràng tāmen zǒu. Wǒ gěi nǐmen qián."

寇的金和银。我们去拿他们的宝贝和他们的白马。"他们站在路中间，挥动着武器，大喊，"和尚们，站在你们的地方。把你们的金银和马给我们。如果你们说半个'不'字，我们就杀了你们，不会仁慈。"

孙悟空笑了笑，对其他人说，"别害怕。我会去问他们几个问题。"他走到强盗面前，双手合在一起，放在胸前，问道，"你们这些先生在做什么？"

"你不在乎是生是死吗？"他们对他大喊大叫。"现在就把你们的宝贝都拿出来！"

"哦，大王，我只是一个来自乡村的穷和尚。我不知道要说什么，请不要生气。你可以拿走我们所有的钱，这没问题。但让其他三个走吧。骑在马上的人是我的师父。他能做的就是念佛经，他已经不记得所有关于财富和性的事。黑脸人是一个简单的人，他只是照顾马。那个大耳朵的人是个苦力，他只是带着东西。请让他们走。我给你们钱。"

59

"Ǹ, nǐ kàn qǐlái shì ge shuō zhēn huà héshang. Hǎo ba. Gàosù qítā sān gè rén, bǎ suǒyǒu dōngxi dōu liú zài zhèlǐ. Tāmen kěyǐ zǒu le." Sūn Wùkōng zhuǎnshēn, gēn tāmen zhǎ le yíxià yǎn. Tángsēng, Zhū hé Shā xiàng xī zǒu le yì xiǎoduàn lù. Sūn Wùkōng wān yāo qù ná qǐ yì kǔn xínglǐ. Tā cóng lùshàng zhuā qǐ yìdiǎn tǔ, niàn le mó yǔ, bǎ tǔ rēng dào kōngzhōng. Tā dà hǎn "Tíng," suǒyǒu de qiángdào dōu fāxiàn tāmen yìdiǎn dōu bùnéng dòng le.

Sūn Wùkōng xiàng Tángsēng huī le huī shǒu. Tángsēng zhuǎnguò shēn lái, huídào Sūn Wùkōng shēnbiān. Tā shuō, "Wùkōng, nǐ wèishénme ràng wǒmen huílái?"

"Shīfu, qǐng xiàmǎ zuò xià. Tīng tīng zhèxiē qiángdào zěnme shuō. Zhū xiōngdì, bǎ qiángdào bǎng qǐlái, tīng tīng tāmen de gùshì."

"Duìbùqǐ, wǒ méiyǒu shéngzi," Zhū shuō. Sūn Wùkōng cóng tóu shàng báxià jǐ gēn máofǎ, yòng mó qì chuī le yíxià, bǎ tāmen biànchéng le sānshí gēn shéngzi. Túdìmen bǎ sānshí gè qiángdào dōu bǎng le qǐlái. Ránhòu Sūn Wùkōng shuō le jǐ jù huà, qùdiào le mólì.

"Xiǎo zéi," Sūn Wùkōng shuō, "nǐmen tōu dōngxi duō shǎo nián le? Nǐmen shā le duōshǎo rén? Bǎ yíqiè dōu gàosù wǒmen."

"嗯，你看起来是个说真话和尚。好吧。告诉其他三个人，把所有东西都留在这里。他们可以走了。"孙悟空转身，跟他们眨了一下眼。唐僧、猪和沙向西走了一小段路。孙悟空弯腰去拿起一捆行李。他从路上抓起一点土，念了魔语，把土扔到空中。他大喊"停，"所有的强盗都发现他们一点都不能动了。

孙悟空向唐僧挥了挥手。唐僧转过身来，回到孙悟空身边。他说，"悟空，你为什么让我们回来？"

"师父，请下马坐下。听听这些强盗怎么说。猪兄弟，把强盗绑起来，听听他们的故事。"

"对不起，我没有绳子，"猪说。孙悟空从头上拔下几根毛发，用魔气吹了一下，把它们变成了三十根绳子。徒弟们把三十个强盗都绑了起来。然后孙悟空说了几句话，去掉了魔力。

"小贼，"孙悟空说，"你们偷东西多少年了？你们杀了多少人？把一切都告诉我们。"

"Dàrén, qiú qiú nǐ le," qiángdàomen shuō. "Wǒmen dōu láizì hào jiātíng. Wǒmen bǎ jiālǐ de cáifù dōu rēng zài le dǔqián, hējiǔ hé nǚrén shàng. Wǒmen xūyào qián. Wǒmen zhīdào Kòu Yuánwài shì chéng lǐ zuì yǒu qián de rén, suǒyǐ zuó wǎn wǒmen jìn le tāde fángzi, názǒu le tāde jīn yín, zhūbǎo hé yīfú. Ránhòu wǒmen táo dào zhège dìfāng, zhèyàng wǒmen jiù kěyǐ fēn bǎobèi. Wǒmen kàndào nǐmen hěn zhòng de xínglǐ, yǐwéi nǐmen yěyǒu yìxiē bǎobèi. Dànshì wǒmen bù zhīdào nǐ yǒu zhème shénqí de lìliàng! Qǐng liú wǒmen yí mìng. Nǐ kěyǐ názǒu suǒyǒu de bǎobèi."

"Wùkōng," Tángsēng shuō, "Kòu Yuánwài shì zěnme bǎ zhè chǎng zāinàn dài gěi tā zìjǐ de?"

Sūn Wùkōng huídá shuō, "Shīfu, nà shì yīnwèi Kòu ràng rénmen kàndào le qí, dǎgǔ de rén, héshang, yànhuì, hái yǒu qítā de, lùchū le tāde cáifù."

Tángsēng huídá shuō, "Wǒmen qiàn le Kòu jiā yí piàn shànliáng de xīn.

"大人，求求你了，"强盗们说。"我们都来自好家庭。我们把家里的财富都扔在了赌钱、喝酒和女人上。我们需要钱。我们知道寇员外是城里最有钱的人，所以昨晚我们进了他的房子，拿走了他的金银、珠宝和衣服。然后我们逃到这个地方，这样我们就可以分宝贝。我们看到你们很重的行李，以为你们也有一些宝贝。但是我们不知道你有这么神奇的力量！请留我们一命。你可以拿走所有的宝贝。"

"悟空，"唐僧说，"寇员外是怎么把这场灾难带给他自己的？"

孙悟空回答说，"师父，那是因为寇让人们看到了旗、打鼓的人、和尚、宴会、还有其他的，露出了他的财富[14]。"

唐僧回答说，"我们欠了寇家一片善良的心。

---

[14] Chapter 9 of the *Dao De Jing* says: "Filling up isn't as good as knowing when to stop / A sharp point can't be maintained for long / When gold and jade fill a room no one can protect it / Wealth leads to arrogance and invites mistakes / Achieve success then let it go / This is the Dao of heaven."

Wǒmen yīnggāi bǎ zhèxiē bǎobèi huán gěi tāmen."

Suǒyǐ, sān gè túdì fànghǎo le suǒyǒu de bǎobèi. Sūn

Wùkōng xiǎng shādiào suǒyǒu de qiángdào, dàn tā hàipà

Tángsēng huì shēng tā de qì. Suǒyǐ tā fàng le qiángdào.

Tāmen pǎo jìn le sēnlín.

Sì wèi yóurén zhuǎn shēn huí dào Tóng Tái Fǔ qù huán

bǎobèi. Dànshì zhè shǒu shī shuō,

> Hěn shǎo kàndào shàn dédào huíbào
>
> Shàn chángcháng huàn lái chóu
>
> Jiù yān sǐ de rén, nǐ kěnéng huì shībài
>
> Dàn xiǎngguò yǐhòu qù zuò, nǐ jiù bú huì tòngkǔ

Tāmen zài lùshàng xiàng dōng zǒu, dàn yùdào le yí

dàqún shǒu ná cháng máo hé jiàn de shìbīng. Shǒulǐng

shuō, "Nǐmen shì yìqún hǎo héshang. Nǐmen xiān ná le

fángzi lǐ de dōngxi, ránhòu hái ràng rén kàn nǐmen tōu lái

de bǎobèi." Tāmen bǎ Tángsēng cóng mǎ bèi shàng tuō

xiàlái, bǎ tā bǎng qǐlái. Ránhòu tāmen bǎ sān gè túdì

bǎng zài cháng zhú gān shàng, bǎ tāmen dài huí le chéng

lǐ, liǎng gè shìbīng tái yì gēn gānzi.

Tángsēng quánshēn fādǒu, kūzhe shuō bù chū huà. Zhū

bù gāoxìng, bào

我们应该把这些宝贝还给他们。"所以，三个徒弟放好了所有的宝贝。孙悟空想杀掉所有的强盗，但他害怕唐僧会生他的气。所以他放了强盗。他们跑进了森林。

四位游人转身回到铜台府去还宝贝。但是这首诗说，

很少看到善得到回报
善常常换来仇
救淹死的人，你可能会失败
但想过以后去做，你就不会痛苦

他们在路上向东走，但遇到了一大群手拿长矛和剑的士兵。首领说，"你们是一群好和尚。你们先拿了房子里的东西，然后还让人看你们偷来的宝贝。"他们把唐僧从马背上拖下来，把他绑起来。然后他们把三个徒弟绑在长竹杆上，把他们带回了城里，两个士兵抬一根杆子。

唐僧全身发抖，哭着说不出话。猪不高兴，抱

yuànzhe. Shā zài shuōhuà, dàn xīnlǐ yǒuxiē jǐnzhāng. Sūn Wùkōng xiàozhe, zhǔnbèi hǎo le tā de lìliàng.

Shìbīngmen bǎ tāmen dài dào le jùnhóu de fǎtíng shàng. Jùnhóu xiè le shìbīngmen, ràng tāmen bǎ bǎobèi huán gěi Kòu jiā. Ránhòu tā duì Tángsēng shuō, "Nǐ shuō nǐmen shì qióng héshang, qù xīfāng bàifó. Dàn wǒ rènwéi nǐmen shì qiángdào."

Tángsēng shuō, "Dàrén, wǒmen búshì qiángdào. Wǒmen kěyǐ gěi nǐ kàn wǒmen de tōngguān wénshū, zhèyàng nǐ jiù kěyǐ kàndào wǒmen qùguò de dìfāng. Wǒmen zài lùshàng yùdào le qiángdào, cóng tāmen nàlǐ ná huí le bǎobèi, zhèyàng wǒmen jiù kěyǐ bǎ tāmen huán gěi Kòu jiā. Wǒ qiú nǐ zài zǐxì de jiǎnchá yíxià zhè jiàn shì."

"Rúguǒ nǐmen zhēnde yùdào nàxiē qiángdào, nǐmen wèishénme bù zhuāzhù tāmen?"

Tángsēng méiyǒu huídá. Jùnhóu ràng shìbīngmen gěi Tángsēng dàishàng tou gū. Dàn Sūn Wùkōng shuō, "Dàrén, qǐng búyào gū zhù nà héshang de tóu. Shì wǒ diǎn le huǒjù, názhe jiàn, tōuzǒu bǎobèi, shā le Kòu Yuánwài." Shìbīngmen bǎ tóu gū dài zài Sūn Wùkōng de tóu

怨着。沙在说话，但心里有些紧张。孙悟空笑着，准备好了他的力量。

士兵们把他们带到了郡侯的法庭[15]上。郡侯谢了士兵们，让他们把宝贝还给寇家。然后他对唐僧说，"你说你们是穷和尚，去西方拜佛。但我认为你们是强盗。"

唐僧说，"大人，我们不是强盗。我们可以给你看我们的通关文书，这样你就可以看到我们去过的地方。我们在路上遇到了强盗，从他们那里拿回了宝贝，这样我们就可以把它们还给寇家。我求你再仔细地检查一下这件事。"

"如果你们真的遇到那些强盗，你们为什么不抓住他们？"

唐僧没有回答。郡侯让士兵们给唐僧戴上头箍。但孙悟空说，"大人，请不要箍住那和尚的头。是我点了火炬，拿着剑，偷走宝贝，杀了寇员外。"士兵们把头箍戴在孙悟空的头

---

shàng, bǎ tā nòng jǐn. Dàn tóu gū zài jǐn, tā yě yìdiǎn dōu bùnéng shāng dào tā.

Jiù zài zhè shí, yǒurén jìnlái bàogào, tāde shàngsī Chén Shǎo Bǎo dàrén lái le. Jùnhóu qù jiàn tāde shàngsī. Líkāi shí, tā gàosù shìbīng bǎ sì míng yóurén guān jìn jiānyù, dǎ yí dùn. Shìbīngmen bǎ zhè sì míng yóurén tuōjìn jiānyù, ránhòu kāishǐ dǎ tāmen.

"Wǒmen néng zuò shénme?" Tángsēng hǎn dào.

"Zhèxiē shìbīng zhǐshì xiǎng yào yìxiē qián," Sūn Wùkōng huídá.

"Kěshì wǒmen méiyǒu qián!"

"Yīfu jiù kěyǐ le. Bǎ sēngyī gěi tāmen."

Tángsēng xiǎngdào zìjǐ měilì de sēngyī jiù yào méile, jiù hěn bù gāoxìng, dàn tā zhǐshì qīngshēng shuō, "Wùkōng, zuò nǐ bìxū zuò de shì."

"Xiānshēngmen," Sūn Wùkōng duì shìbīngmen hǎn dào, "nǐmen búyòng zài dǎ wǒmen le. Zài nà biān de nà kǔn bāo lǐ, yǒu yí jiàn měi

上，把它弄紧。但头箍再紧，它也一点都不能伤到他。

就在这时，有人进来报告，他的上司[16]陈少宝大人来了。郡侯去见他的上司。离开时，他告诉士兵把四名游人关进监狱，打一顿。士兵们把这四名游人拖进监狱，然后开始打他们。

"我们能做什么？"唐僧喊道。

"这些士兵只是想要一些钱，"孙悟空回答。

"可是我们没有钱！"

"衣服就可以了。把僧衣给他们。"

唐僧想到自己美丽的僧衣就要没了，就很不高兴，但他只是轻声说，"悟空，做你必须做的事。"

"先生们，"孙悟空对士兵们喊道，"你们不用再打我们了。在那边的那捆包里，有一件美

---

16 上司　　　 shàngsī – superior, boss

lì de sēngyī, tā fēicháng zhíqián. Ná qù ba, tā shì nǐmen de." Shìbīngmen jiǎnchá le nà kǔn bāo. Zài nà kǔn bāo de dǐbù, tāmen kàndào bèi yóuzhǐ bāozhe de fāguāng de dōngxi. Tāmen bǎ tā ná chūlái kàn. Sēngyī shàng quán shì fāguāng de zhēnzhū, sēngyī de biān shàng xiù yǒu lóng hé fēi fènghuáng. Tāmen dōu zhāng dà zhe yǎnjīng kànzhe sēngyī.

"Zěnmele?" shìbīng de shǒulǐng shuōzhe zǒu guòlái kàn.

"Dàrén, jùnhóu ràng wǒmen bǎ zhè sì gè rén guān jìn jiānyù, dǎ yí dùn. Tāmen gěi le wǒmen zhè jiàn sēngyī. Wǒmen bù zhīdào gāi zěnme jiějué tā. Bǎ tā zhǐ gěi yígè rén shì búduì de. Dànshì, rúguǒ wǒmen bǎ tā sī chéng suìpiàn, tā jiù huì bèi huǐ le. Wǒmen gāi zěnme zuò?"

Shìbīng shǒulǐng kànzhe sēngyī. Ránhòu tā kàndào le tōngguān wénshū, zǐxì de kàn le kàn. Tā duì shìbīngmen shuō, "Nǐmen zhèxiē bèn rén, zhèxiē héshang búshì qiángdào. Búyào pèng tāmen de xínglǐ. Wǒ míngtiān huì bǎ zhè jiàn shì gàosù jùnhóu."

Shìbīngmen líkāi le jiānyù, sì wèi yóurén tǎng xià xiūxi. Zài sì gèng zuǒyòu, Sūn Wùkōng xiǎng, "Shīfu xūyào shòudào zhège tòng

丽的僧衣，它非常值钱。拿去吧，它是你们的。"士兵们检查了那捆包。在那捆包的底部，他们看到被油纸包着的发光的东西。他们把它拿出来看。僧衣上全是发光的珍珠，僧衣的边上绣有龙和飞凤凰。他们都张大着眼睛看着僧衣。

"怎么了？"士兵的首领说着走过来看。

"大人，郡侯让我们把这四个人关进监狱，打一顿。他们给了我们这件僧衣。我们不知道该怎么解决它。把它只给一个人是不对的。但是，如果我们把它撕成碎片，它就会被毁了。我们该怎么做？"

士兵首领看着僧衣。然后他看到了通关文书，仔细地看了看。他对士兵们说，"你们这些笨人，这些和尚不是强盗。不要碰他们的行李。我明天会把这件事告诉郡侯。"

士兵们离开了监狱，四位游人躺下休息。在四更左右，孙悟空想，"师父需要受到这个痛

71

kǔ, zhè jiùshì wèishénme wǒ duì jùnhóu shénme yě méi shuō. Dàn tāde tòngkǔ jīhū yǐjīng jiéshù. Wǒ zuìhǎo yīnggāi bǎ wǒmen dàjiā cóng zhèlǐ dài chūqù." Suǒyǐ tā yáo le yáo shēntǐ, biànchéng le yì zhī xiǎo cāngyíng. Tā fēi chū jiānyù, zài yèlǐ fēi xiàng le Kòu jiā de dàmén.

Jiēdào duìmiàn yǒu yígè jiātíng, nàlǐ zhùzhe zhàngfu hé qīzi. Tāmen liǎ shì zuò dòufu de. Zhàngfu duì qīzi shuō, "Qīzi, wǒ hé Kòu lǎotóu yìqǐ shàng xuéxiào. Zài nàxiē rìzi lǐ, tā yǒu yìxiē nóngtián, dàn tā duì nóngfū tèbié hǎo, yǒushí huì wàngjì yào tāmen de zūjīn. Zài tā èrshí suì de shíhòu, tā hé Zhāng de nǚ'ér jié le hūn, tā jiào Zhāng Wàng, tā zhēnde shì gěi zhàngfu dài lái le fánróng. Tā zuò de yíqiè dōu shì chénggōng de, tā zhuàn le hěnduō qián. Dāng tā sìshí suì shí, tā kāishǐ sòng shíwù gěi sēngrén. Xiànzài tā sǐ le, cái liùshísì suì. Tài shāngxīn le!"

Sūn Wùkōng tīngdào le zhè huà. Ránhòu tā fēiguò jiēdào, lái dào le Kòu jiā. Zhèng wū lǐ fàngzhe yìkǒu guāncai. Guāncai sìzhōu shì xiāng, làzhú hé shuǐguǒ. Kòu fūrén hé tā de liǎng gè érzi dōu zài nàlǐ

苦，这就是为什么我对郡侯什么也没说。但他的痛苦几乎已经结束。我最好应该把我们大家从这里带出去。"所以他摇了摇身体，变成了一只小苍蝇。他飞出监狱，在夜里飞向了<u>寇家</u>的大门。

街道对面有一个家庭，那里住着丈夫和妻子。他们俩是做豆腐的。丈夫对妻子说，"妻子，我和<u>寇</u>老头一起上学校。在那些日子里，他有一些农田，但他对农夫特别好，有时会忘记要他们的租金[17]。在他二十岁的时候，他和<u>张</u>的女儿结了婚，她叫<u>张旺</u>[18]，她真的是给丈夫带来了繁荣。他做的一切都是成功的，他赚了很多钱。当他四十岁时，他开始送食物给僧人。现在他死了，才六十四岁。太伤心了！"

<u>孙悟空</u>听到了这话。然后他飞过街道，来到了<u>寇家</u>。正屋里放着一口棺材。棺材四周是香、蜡烛和水果。<u>寇夫人</u>和她的两个儿子都在那里

---

[17] 租金　　　zūjīn – rental fee
[18] The name Wang usually is 王 meaning "king," but this is 旺 meaning "prosperous."

kū. Sūn Wùkōng tíng zài guāncai tóu shàng, késòu le yì shēng. Rénmen xià huài le. Kòu fūrén yòng quántóu dǎzhe guāncai tóu, shuō, "Lǎotóuzi, nǐ yòu huó le?"

Sūn Wùkōng yòng Kòu Yuánwài de shēngyīn shuō, "Yánluó Wáng dài wǒ huílái gēn nǐ shuōhuà. Zhāng, nǐ yìzhí zài shuōhuǎng!"

Kòu fūrén, tā xiǎoshíhòu xìng Zhāng, guì dǎo zài dì, kū dào, "Wǒ shuō le shénme huǎng?"

"Nǐ búshì shuō, 'wǒ kàndào Táng héshang názhe huǒjù, Zhū Bājiè názhe dāo, Shā Wùjìng ná le jīn yín, nà zhī è hóu shā le nǐmen de fùqīn'? Nǐ shuō de huǎng gěi nàxiē hǎorén dài lái le hěn dà de máfan. Tāmen zài lùshàng yùdào le qiángdào, ná huí le nǐde bǎobèi, bǎ tāmen huán gěi nǐ. Dàn nǐ shuō le huǎng. Xiànzài zhèxiē hǎorén zài jiānyù lǐ. Tǔdì shén hé chéng lǐ de shén dōu fēicháng shēngqì, tāmen qù le Yánluó Wáng nàlǐ. Yánluó Wáng ràng wǒ lái zhèlǐ hé nǐ shuō zhèxiē huà. Kuàidiǎn bǎ zhèxiē rén cóng jiānyù zhōng fàng chūlái. Rúguǒ nǐ bú zhào wǒ shuō de qù zuò, zhè fángzi lǐ suǒyǒu de rén, jíshǐ shì gǒu hé jī, dōu táo bù chū wǒde fènnù!"

哭。孙悟空停在棺材头上，咳嗽[19]了一声。人们吓坏了。寇夫人用拳头打着棺材头，说，"老头子，你又活了？"

孙悟空用寇员外的声音说，"阎罗王带我回来跟你说话。张，你一直在说谎！"

寇夫人，她小时候姓张，跪倒在地，哭道，"我说了什么谎？"

"你不是说，'我看到唐和尚拿着火炬，猪八戒拿着刀，沙悟净拿了金银，那只恶猴杀了你们的父亲'？你说的谎给那些好人带来了很大的麻烦。他们在路上遇到了强盗，拿回了你的宝贝，把它们还给你。但你说了谎。现在这些好人在监狱里。土地神和城里的神都非常生气，他们去了阎罗王那里。阎罗王让我来这里和你说这些话。快点把这些人从监狱中放出来。如果你不照我说的去做，这房子里所有的人，即使是狗和鸡，都逃不出我的愤怒！"

---

19 咳(嗽)　　　ké (sòu) – cough

Érzimen kòutóu qǐngqiú shuō, "Fùqīn, qǐng nǐ huíqù ba, búyào shānghài wǒmen. Wǒmen jiāng bǎ zhèxiē héshang cóng jiānyù lǐ fàng chūlái. Wǒmen zhǐ xiǎng yào huózhe de hé sǐ le de rén dōu hépíng."

"Shāo zhǐbì," Sūn Wùkōng shuō. "Wǒ xiànzài yào zǒu le." Dàn Sūn Wùkōng méiyǒu huí dào jiānyù. Tā fēi dào jùnhóu jiā. Xiànzài shì zǎochén. Tā kàndào jùnhóu yǐjīng qǐchuáng, xiàng tā shūshu de zhàopiàn qídǎo. Sūn Wùkōng tíng zài zhàopiàn shàng, késòu le yìshēng. Jùnhóu tiào le qǐlái, shuō, "shūshu, wǒ měitiān dōu wèi nǐ qídǎo. Nǐ jīntiān wèishénme yào gēn wǒ shuōhuà?"

"Zhízi, nǐ yìzhí shì yígè hǎorén, yígè shuō zhēn huà de rén. Dànshì nǐ zuótiān zěnme huì zhème bèn ne? Nǐ zhuā le sì gè shèng sēng, méiyǒu tīng tāmen de gùshì jiù bǎ tāmen rēng jìn le jiānyù. Tǔdì shén hé chéng lǐ de shén dōu duì nǐ hěn shēngqì. Tāmen xiàng Yánluó Wáng bàogào le zhè shì, tā ràng wǒ hé nǐ tán tán. Nǐ bìxū zhǎo chū zhēnxiàng, fàng le zhèxiē héshang. Rúguǒ nǐ bú zhèyàng zuò, nǐ hěn kuài jiù huì lái dìyù. Xiànzài shāo yìxiē zhǐbì, wǒ yào zǒu le."

Líkāi le zài kòutóu de jùnhóu, Sūn Wùkōng hái yào zài qù yígè dìfāng. Tā qù le chéng lǐ de fǎtíng. Xiànzài shì zǎoshàng, fǎtíng guān

儿子们叩头请求说，"父亲，请你回去吧，不要伤害我们。我们将把这些和尚从监狱里放出来。我们只想要活着的和死了的人都和平。"

"烧纸币，"<u>孙悟空</u>说。"我现在要走了。"但<u>孙悟空</u>没有回到监狱。他飞到郡侯家。现在是早晨。他看到郡侯已经起床，向他叔叔的照片祈祷。<u>孙悟空</u>停在照片上，咳嗽了一声。郡侯跳了起来，说，"叔叔，我每天都为你祈祷。你今天为什么要跟我说话？"

"侄子，你一直是一个好人、一个说真话的人。但是你昨天怎么会这么笨呢？你抓了四个圣僧，没有听他们的故事就把他们扔进了监狱。土地神和城里的神都对你很生气。他们向<u>阎罗</u>王报告了这事，他让我和你谈谈。你必须找出真相，放了这些和尚。如果你不这样做，你很快就会来地狱。现在烧一些纸币，我要走了。"

离开了在叩头的郡侯，<u>孙悟空</u>还要再去一个地方。他去了城里的法庭。现在是早上，法庭官

yuán dōu zài nàlǐ. Tā biànchéng le yígè jùrén. Tā zhàn zài fǎtíng zhōngjiān, shuō, "Tīng wǒ shuō, nǐmen zhèxiē guānyuán. Wǒ shì Yùhuáng Dàdì sòng lái de Làngdàng Yóu Shén. Tā shuō, sì wèi shèng sēng méiyǒu yuányīn de jiù bèi rēng jìn jiānyù, yòu bèi dǎ le yí dùn. Mǎshàng bǎ tāmen fàng le. Rúguǒ nǐmen bú zhèyàng zuò, wǒ huì shā le nǐmen suǒyǒu rén, huǐ le nǐmen zhěnggè chéngshì." Guānyuánmen dōu guì dǎo zài dì, kòutóu.

Sūn Wùkōng líkāi fǎtíng, biàn huí cāngyíng, fēi huí jiānyù. Tā biàn huí yuánlái de yàngzi, qù shuìjiào le.

Nàtiān zǎoshàng wǎn xiē shíhòu, jùnhóu kāishǐ le tā zài fǎtíng de gōngzuò. Kòu de liǎng gè érzi mǎshàng chōng le jìnlái, qiú jùnhóu fàng le sì wèi héshang, shuō, "Dàrén, zuó wǎn wǒmen fùqīn de línghún chūxiàn zài wǒmen miànqián, gàosù wǒmen, sì wèi héshang méiyǒu názǒu bǎobèi, yě méiyǒu shā le wǒmen de fùqīn. Tā shuō, rúguǒ sì wèi héshang bù cóng jiānyù lǐ chūlái, wǒmen jiā de měi gè rén dōuhuì bèi shā!"

Jùnhóu xīnlǐ xiǎng, "Yígè xīn guǐ chūxiàn zài huó rén miànqián búshì bù chángjiàn. Dàn wǒde shūshu yǐjīng sǐ le wǔ nián duō le. Tā jīntiān zǎoshàng chūxiàn zài wǒ miànqián. Kàn qǐlái wǒ zuótiān zhēn de shì fàn

员都在那里。他变成了一个巨人。他站在法庭中间，说，"听我说，你们这些官员。我是玉皇大帝送来的浪荡游神。他说，四位圣僧没有原因地就被扔进监狱，又被打了一顿。马上把他们放了。如果你们不这样做，我会杀了你们所有人，毁了你们整个城市。"官员们都跪倒在地，叩头。

孙悟空离开法庭，变回苍蝇，飞回监狱。他变回原来的样子，去睡觉了。

那天早上晚些时候，郡侯开始了他在法庭的工作。寇的两个儿子马上冲了进来，求郡侯放了四位和尚，说，"大人，昨晚我们父亲的灵魂出现在我们面前，告诉我们，四位和尚没有拿走宝贝，也没有杀了我们的父亲。他说，如果四位和尚不从监狱里出来，我们家的每个人都会被杀！"

郡侯心里想，"一个新鬼出现在活人面前不是不常见。但我的叔叔已经死了五年多了。他今天早上出现在我面前。看起来我昨天真的是犯

le yígè cuòwù."

Zhèshí, yìqún guānyuán chōng le jìnlái, shuō, "Dàrén, Yùhuáng Dàdì sòng Làngdàng Yóu Shén lái, ràng wǒmen mǎshàng bǎ nà sì míng héshang cóng jiānyù lǐ fàng chūlái. Rúguǒ nǐ bù zhèyàng zuò, tā jiù huì huǐ le wǒmen de chéngshì!"

Dāngrán, jùnhóu mìnglìng jiāng zhè sì míng héshang cóng jiānyù lǐ fàng chūlái, bǎ tāmen dài dào fǎtíng shàng. Jùnhóu shuō tā duì zhège cuòwù gǎndào fēicháng duìbùqǐ. Sūn Wùkōng shēngqì le. Tā shuō, "Xiànzài jiù bǎ wǒmen de báimǎ hé suǒyǒu de xínglǐ dōu hán gěi wǒmen. Xiànzài gàosù wǒmen, bǎ wú zuì de rén rēng jìn jiānyù de chéngfá shì shénme?"

Jùnhóu xiàhuài le. Tā bǎ mǎ hé xínglǐ huán gěi le héshang. Tā shuō, shì Kòu fūrén yào wèi zhège cuòwù fùzé. Tángsēng duì Sūn Wùkōng shuō, "Wǒmen qù Kòu jiā, zhǎo chū zhēnxiàng."

Suǒyǐ Tángsēng, sān gè túdì, jùnhóu hé suǒyǒu fǎtíng guānyuán dōu lái dào le Kòu jiā. Zài nàlǐ, tāmen kàndào Kòu fūrén guì zài tā zhàngfu de guāncai qián kū.

"Bié hǎn le, nǐ zhège shuōhuǎng de lǎo fùrén," Sūn Wùkōng hǎn

了一个错误。"

这时，一群官员冲了进来，说，"大人，玉皇大帝送浪荡游神来，让我们马上把那四名和尚从监狱里放出来。如果你不这样做，他就会毁了我们的城市！"

当然，郡侯命令将这四名和尚从监狱里放出来，把他们带到法庭上。郡侯说他对这个错误感到非常对不起。孙悟空生气了。他说，"现在就把我们的白马和所有的行李都还给我们。现在告诉我们，把无罪的人扔进监狱的惩罚是什么？"

郡侯吓坏了。他把马和行李还给了和尚。他说，是寇夫人要为这个错误负责。唐僧对孙悟空说，"我们去寇家，找出真相。"

所以唐僧、三个徒弟、郡侯和所有法廷官员都来到了寇家。在那里，他们看到寇夫人跪在她丈夫的棺材前哭。

"别喊了，你这个说谎的老妇人，"孙悟空喊

dào. "Nǐ xiǎng shā sǐ yígè wú zuì de rén. Děng wǒ cóng dìyù lǐ bǎ nǐde zhàngfu jiào huílái. Wǒmen kàn kàn tā huì zěnme shuō!" Shuō wán, tā tiào shàng le tiānkōng, zhí pǎo xiàng dìyù. Kàndào zhè, jùnhóu hé fǎtíng guānyuánmen dōu guì dǎo zài dì.

Dìyù lǐ de Shí Wáng chūlái huānyíng Sūn Wùkōng. Hóuzi shuō, "Yǐqián zài Tóng Tái Fǔ gěi héshang shíwù de Kòu Hóng guǐ zài nǎlǐ?"

"Kòu Hóng shìge hǎorén," Shí Wáng shuō. "Wǒmen búyòng bǎ tā tuō dào zhèlǐ, tā zìjǐ huì lái. Tā xiànzài hé Dì Zàng Wáng púsà zài yìqǐ." Sūn Wùkōng qù le Dì Zàng Wáng de gōngdiàn, yāoqiú jiàn Kòu.

Dì Zàng Wáng shuō, "Kòu Hóng de yìshēng yǐjīng wánle, zhè jiùshì wèishénme tā lái zhèlǐ. Wǒ zài wǒde gōngdiàn lǐ gěi le tā yí fèn gōngzuò, zài wǒde shū lǐ xiě xià shànliáng xíngwéi. Dàn xiànzài nǐ wèi tā lái dào zhèlǐ, wǒ jiù zài gěi tā shí'èr nián de shēngmìng. Tā kěyǐ hé nǐ yìqǐ líkāi."

Kòu chūlái jiàn Sūn Wùkōng. Hóuzi chuī le yìkǒu mó qì, bǎ Kòu biànchéng le wùqì. Ránhòu Sūn Wùkōng bǎ wùqì fàng zài xiùzi lǐ, yòng tāde jīndǒu yún huí dào le rénjiān de Kòu jiā. Tā bǎ wùqì tuījìn

道。"你想杀死一个无罪的人。等我从地狱里把你的丈夫叫回来。我们看看他会怎么说！"说完，他跳上了天空，直跑向地狱。看到这，郡侯和法庭官员们都跪倒在地。

地狱里的十王出来欢迎孙悟空。猴子说，"以前在铜台府给和尚食物的寇洪鬼在哪里？"

"寇洪是个好人，"十王说。"我们不用把他拖到这里，他自己会来。他现在和地藏王菩萨在一起。"孙悟空去了地藏王的宫殿，要求见寇。

地藏王说，"寇洪的一生已经完了，这就是为什么他来这里。我在我的宫殿里给了他一份工作，在我的书里写下善良行为。但现在你为他来到这里，我就再给他十二年的生命。他可以和你一起离开。"

寇出来见孙悟空。猴子吹了一口魔气，把寇变成了雾气。然后孙悟空把雾气放在袖子里，用他的筋斗云回到了人间的寇家。他把雾气推进

guāncai lǐ. Guò le yīhuǐ'er, Kòu Yuánwài zài guāncai lǐ zuò le qǐlái. Tā pá le chūlái, xiàng Tángsēng hé sān gè túdì kòutóu. Ránhòu tā shuō, "Xièxiè, xièxiè! Wǒ bèi cuò shā, bèi sòng dào le dìyù, dàn nǐ bǎ wǒ dài huí le shēngmìng!" Ránhòu tā kàn le fángjiān de sìzhōu, kàndào yí dàqún rén. "Wèishénme zhèxiē dàrén zài wǒde jiā?" tā wèn.

Jùnhóu huídá shuō, "Nǐde érzi shuō, zhèxiē shèng sēng shā le nǐ. Hòulái, wǒmen cái zhīdào, héshangmen zài lùshàng yù dào le zhēnde qiángdào, cóng tāmen nàlǐ ná huí le nǐde bǎobèi, bǎ bǎobèi dài huí le nǐ jiā. Zuówǎn, yígè línghún chūxiàn zài wǒ miànqián, Làngdàng Yóu Shén yě lái dào le wǒde bàngōngshì. Tāmen dōu shuō wǒ yīnggāi fàng le héshang, suǒyǐ wǒ jiù zhème zuò le."

Kòu Yuánwài shuō, "Xiānshēng, zài wǒ sǐ de nàtiān wǎnshàng, sānshí gè qiángdào dàizhe huǒjù hé wǔqì lái dào wǒjiā. Wǒ xiǎng yào hé tāmen shuōhuà, dàn tāmen bǎ wǒ tī sǐ le. Zhè sì wèi héshang méiyǒu zuòcuò shénme." Ránhòu zhuǎnxiàng tāde qīzi, tā shuō, "Yǒuguān shuí shā le wǒ, nǐ wèishénme yào shuōhuǎng?"

Kòu fūrén duì zhè méiyǒu huídá. Dàn jùnhóu shì yígè shànliáng de rén. Tā juédìng bù chéngfá Kòu Yuánwài de jiārén. Měi gè rén dōu xiàng

棺材里。过了一会儿，寇员外在棺材里坐了起来。他爬了出来，向唐僧和三个徒弟叩头。然后他说，"谢谢，谢谢！我被错杀，被送到了地狱，但你把我带回了生命！"然后他看了房间的四周，看到一大群人。"为什么这些大人在我的家？"他问。

郡侯回答说，"你的儿子说，这些圣僧杀了你。后来，我们才知道，和尚们在路上遇到了真的强盗，从他们那里拿回了你的宝贝，把宝贝带回了你家。昨晚，一个灵魂出现在我面前，浪荡游神也来到了我的办公室。他们都说我应该放了和尚，所以我就这么做了。"

寇员外说，"先生，在我死的那天晚上，三十个强盗带着火炬和武器来到我家。我想要和他们说话，但他们把我踢死了。这四位和尚没有做错什么。"然后转向他的妻子，他说，"有关谁杀了我，你为什么要说谎？"

寇夫人对这没有回答。但郡侯是一个善良的人。他决定不惩罚寇员外的家人。每个人都向

85

jùnhóu kòutóu. Ránhòu, Kòu Yuánwài yòu jǔxíng le yícì yànhuì, gǎnxiè jùnhóu hé héshangmen, dàn yànhuì hái méi kāishǐ, jùnhóu jiù líkāi le.

Dì èr tiān, Kòu Yuánwài zàicì guà qǐ le páizi, shàngmiàn xiězhe, "Huānyíng yí wàn míng sēngrén." Tā zàicì yāoqiú Tángsēng liú xiàlái zhù yíduàn shíjiān, Tángsēng dāngrán jùjué le. Yànhuì jiéshù hòu, Táng héshang hé tāde túdìmen zàicì shàng lù. Zhēnshì,

Hěnduō rén zài wúbiān de shìjiè zhōng zuò è shì

Suīrán tiān gāo, dàn tā bǎohù hǎorén

Sì wèi yóurén xiàng fózǔ zǒu qù

Tāmen yídìng huì dào Líng Shān zhī mén

郡侯叩头。然后，寇员外又举行了一次宴会，感谢郡侯和和尚们，但宴会还没开始，郡侯就离开了。

第二天，寇员外再次挂起了牌子，上面写着，"欢迎一万名僧人。"他再次要求唐僧留下来住一段时间，唐僧当然拒绝了。宴会结束后，唐和尚和他的徒弟们再次上路。真是，

很多人在无边的世界中做恶事

虽然天高，但它保护好人

四位游人向佛祖走去

他们一定会到灵山之门

Dì 98 Zhāng

Yóurénmen xiànzài lí Líng Shān yǐjīng hěn jìn le. Zhè zhēnshì fózǔ de dìfāng. Tāmen yùdào de měi gè rén dōu hěn shànliáng, dōu shuō yào gěi héshang shíwù. Tāmen kàndào qítā yóurén zài niàn fójīng.

Tāmen zǒu le liù, qī tiān. Ránhòu tāmen kàndào yìqún yìbǎi chǐ gāo de lóu. Yǒu měilì de gōngdiàn hé huāyuán. Chùchù kěyǐ kànjiàn kě'ài de huāduǒ, cǎisè de niǎo'er zài tiānkōng zhōng fēizhe. Tángsēng zhǐ le zhǐ shuō, "Wùkōng, zhè shì gè hǎo dìfāng!"

Sūn Wùkōng xiào dào, "Shīfu, wǒmen jiànguò hěnduō yǒu jiǎ fó de dìfāng, nǐ xiàng nàxiē dìfāng kòuguò tóu. Xiànzài wǒmen yǐjīng dào le zhēn fó de jiā, dàn nǐ lián mǎ dōu bú xiàlái. Zhè shì wèishénme ne?" Dāng tā shuō wán shí, Tángsēng jiù cóng mǎ bèi shàng tiào le xiàlái, xiàng dàmén zǒu qù.

Yígè niánqīng de dàoshì zhàn zài dà mén qián. Tā chuānzhe sīchóu cháng yī, shǒu lǐ názhe yì zhī xiǎo yù lù. Tāde liǎn hěn piàoliang. Tā shuō, "Nǐ shì nàge cóng dōngfāng lái qiú shèngjīng de héshang ma?"

Tángsēng kànzhe zhège niánqīng rén, dàn méiyǒu rèn chū tā lái. Dàn Sūn Wùkōng rèn chū tā le. Tā shuō, "Shīfu, zhè shì Jīn Dǐng Dà

第 98 章

游人们现在离灵山已经很近了。这真是佛祖的地方。他们遇到的每个人都很善良，都说要给和尚食物。他们看到其他游人在念佛经。

他们走了六、七天。然后他们看到一群一百尺高的楼。有美丽的宫殿和花园。处处可以看见可爱的花朵，彩色的鸟儿在天空中飞着。唐僧指了指说，"悟空，这是个好地方！"

孙悟空笑道，"师父，我们见过很多有假佛的地方，你向那些地方叩过头。现在我们已经到了真佛的家，但你连马都不下来。这是为什么呢？"当他说完时，唐僧就从马背上跳了下来，向大门走去。

一个年轻的道士站在大门前。他穿着丝绸长衣，手里拿着一只小玉鹿。他的脸很漂亮。他说，"你是那个从东方来求圣经的和尚吗？"

唐僧看着这个年轻人，但没有认出他来。但孙悟空认出他了。他说，"师父，这是金顶大

Xiān. Tā zhù zài Líng Shān de shānjiǎo xià." Jiēzhe, Tángsēng xiàng niánqīng rén jūgōng.

"A, nǐ zhōngyú lái le!" Niánqīng rén shuō, "Guānyīn púsà shí duō nián qián jiù gàosù wǒ, nǐ liǎng, sān nián zhōng jiù huì lái. Wǒ děng nǐ hěnduō nián le."

Tángsēng shuāngshǒu hé zài yìqǐ, shuō, "Dàxiān, wǒ hěn gǎnxiè nǐ shànliáng de xīnyì, hěn gǎnxiè!"

Sì wèi yóurén dàizhe xínglǐ, qiānzhe mǎ, jìn le yízuò dàojiào sìmiào. Tāmen chī le yí dùn sùshí fàn. Ránhòu yìxiē dàojiào nánhái shāo rè le xiāngshuǐ, gěi yóurén xǐzǎo. Yèwǎn lái shí, tāmen jiù shuì zài miào lǐ.

Dì èr tiān zǎoshàng, Tángsēng chuān shàng měilì de sī sēngyī, dài shàng màozi. Tā shǒu lǐ názhe sēngrén de guǎizhàng, shàng le zhèngdiàn. Dà xiānrén xiàozhe shuō, "Zuótiān nǐ chuān dé yòu zāng yòu jiù. Jīntiān, nǐ chuān dé xiàng fózǔ de zhēn érzi! Xiànzài ràng wǒ gěi nǐmen zhǐ lù."

Sūn Wùkōng shuō, "Búyòng le. Lǎo hóuzi zhīdào lù."

仙。他住在灵山的山脚下。"接着，唐僧向年轻人鞠躬。

"啊，你终于来了！"年轻人说，"观音菩萨十多年前就告诉我，你两、三年中就会来。我等你很多年了。"

唐僧双手合在一起，说，"大仙，我很感谢你善良的心意，很感谢！"

四位旅人带着行李，牵着马，进了一座道教寺庙。他们吃了一顿素食饭。然后一些道教男孩烧热了香水，给游人洗澡。夜晚来时，他们就睡在庙里。

第二天早上，唐僧穿上美丽的丝僧衣，戴上帽子。他手里拿着僧人的拐杖，上了正殿。大仙人笑着说，"昨天你穿得又脏又旧。今天，你穿得像佛祖的真儿子！现在让我给你们指路。"

孙悟空说，"不用了。老猴子知道路。"

"Bù, nǐ zǒng shì zài yún zhōng zǒu. Táng héshang xiànzài hái bùnéng nàyàng zuò. Tā zhǐnéng zǒu zài lùshàng." Dàxiān dàizhe Tángsēng zǒuchū le hòumén. Tāmen zǒu dào wàimiàn. Tā zhǐzhe Líng Shān shuō, "Shèng sēng, nǐ kàndào tiānkōng zhōng de nàxiē guāng le ma? Nà shì Líng Shān, shèng fó zhī dì." Tángsēng jiàn le, dī dī de jūgōng.

Sūn Wùkōng shuō, "Shīfu, wǒmen hái yǒu hěn cháng de lù yào zǒu. Rúguǒ nǐ hái tíng zài zhèlǐ, tóu zhuàng dì, wǒmen yǒngyuǎn dào bùliǎo nàlǐ."

Dàxiān xiàng tāmen huīshǒu shuō zàijiàn. Sūn Wùkōng dàizhe tāmen màn màn shàng le Líng Shān. Tāmen zǒu le jǐ lǐ lù. Lái dào yìtiáo sānlǐ kuān de dà hé biān.

"Wùkōng," Tángsēng yòng dānxīn de shēngyīn shuō, "wǒmen zǒu cuò lù le. Zhè tiáo hé tài kuān, làng tài dà. Wǒmen jiāng zěnme chuāngguò tā?"

Sūn Wùkōng zhǐ le zhǐ shuō, "kàn, yǒu yízuò qiáo." Tāmen kàn le kàn, kàndào le yígè páizi, "Língyún Qiáo." Páizi pángbiān shì yì gēn shùgàn, héng zài héshang. Shùgàn hěn xiázhǎi hěn huá.

"不，你总是在云中走。唐和尚现在还不能那样做。他只能走在路上。"大仙带着唐僧走出了后门。他们走到外面。他指着灵山说，"圣僧，你看到天空中的那些光了吗？那是灵山，圣佛之地。"唐僧见了，低低地鞠躬。

孙悟空说，"师父，我们还有很长的路要走。如果你还停在这里，头撞地，我们永远到不了那里。"

大仙向他们挥手说再见。孙悟空带着他们慢慢上了灵山。他们走了几里路。来到一条三里宽的大河边。

"悟空，"唐僧用担心的声音说，"我们走错路了。这条河太宽，浪太大。我们将怎么穿过它？"

孙悟空指了指说，"看，有一座桥。"他们看了看，看到了一个牌子，"凌云桥。"牌子旁边是一根树干[20]，横在河上。树干很狭窄很滑。

---

[20] 树干　　　shùgàn – tree trunk

Méiyǒu bǎshǒu.

"Wùkōng," Tángsēng shuō, "méiyǒu rén néngguò nà zuò qiáo."

"Zhè hěn róngyì!" Sūn Wùkōng huídá dào. Tā tiào shàng shùgàn, pǎoguò hé. Ránhòu tā hǎn dào, "Guòlái, guòlái!" Dàn Tángsēng, Zhū hé Shā jùjué pá shàng shùgàn. Sūn Wùkōng pǎo huíqù zhuā zhù Zhū, shuō, "Gēn wǒ lái, nǐ zhège bèn rén." Dàn Zhū tǎng zài dìshàng, bù kěn dòng. Tāmen liǎ kāishǐ hùxiāng dǎzhe lāzhe.

Guò le yīhuǐ'er, Tángsēng hǎn dào, "Kàn, yì zhī dùchuán lái le." Sūn Wùkōng yòng tāde zuànshí yǎnkàn. Tā kàndào bǎidù rén shì Jiē Yǐn Fó. "Lái zhèlǐ!" tā hǎn dào. Bǎidù rén bǎ chuán dài dào àn biān. Tángsēng xiàng chuán de fāngxiàng kàn qù, fāxiàn chuán méiyǒu dǐ. Tā kàndào chuán lǐ shénme yě méiyǒu, zhǐyǒu héshuǐ.

"Zhè chuán zěnme néng zuò rén ne?" Tángsēng hǎn dào.

没有把手。

"悟空，"唐僧说，"没有人能过那座桥。"

"这很容易！"孙悟空回答道。他跳上树干，跑过河。然后他喊道，"过来，过来！"但唐僧、猪和沙拒绝爬上树干。孙悟空跑回去抓住猪，说，"跟我来，你这个笨人。"但猪躺在地上，不肯动。他们俩开始互相打着拉着。

过了一会儿，唐僧喊道，"看，一只渡船来了。"孙悟空用他的钻石眼看。他看到摆渡人是接引佛[21]。"来这里！"他喊道。摆渡人把船带到岸边。唐僧向船的方向看去，发现船没有底。他看到船里什么也没有，只有河水。

"这船怎么能坐人呢？"唐僧喊道。

---

[21] This Buddha is probably based on Amitābha, whose name means "the Buddha of immeasurable light and life." It is said that Amitābha achieved buddhahood and created a pure land called Sukhāvatī (Sanskrit for "possessing happiness") in the far west beyond the bounds of our own world. Amitābha enables all who call upon him to be reborn into this pure land and ultimately become bodhisattvas and buddhas.

"A," chuángōng shuō,

"Zìcóng hùndùn dì yī cì fēnkāi, wǒde chuán jiù yǐjīng
yǒumíng le

Wǒ yòng tā, shénme dōu méiyǒu biàn

Tā zài fēng hé làng zhōng bú dòng bù yáo

Tā shì hépíng ānjìng de, méiyǒu kāishǐ huò jiéshù

Tā méiyǒu chén huī de yǐngxiǎng cáinéng huí yī

Tā hépíng ānjìng de jīnglì le suǒyǒu de máfan

Yì zhī wú dǐ chuán bùnéng guò hǎi

Dàn tā kěyǐ dàizhe rènhé rén guò zhè tiáo hé!"

Tángsēng bù gǎn shàng nà zhī wú dǐ chuán, dàn Sūn
Wùkōng zhuā zhù le tā, bǎ tā tuī shàng le chuán. Táng
héshang diào jìn le shuǐ lǐ. Chuángōng bǎshǒu shēn jìn
shuǐ lǐ, zhuā zhù tā, bǎ tā tuō huí chuánshàng. Zhū hé Shā
gēn le shàngqù, qiānzhe mǎ, bēizhe xínglǐ.

Fózǔ bǎ chuán tuī lí àn biān. Tāmen kàndào yí jù shītǐ
piào lái. Tángsēng xiàhuài le. Dàn Sūn Wùkōng shuō,
"Shīfu, bié hàipà. Nà jiùshì nǐ."

"啊，"船工说，

　　"自从混沌第一次分开，我的船就已经有名了

　　我用它，什么都没有变

　　它在风和浪中不动不摇

　　它是和平安静的，没有开始或结束

　　它没有尘灰的影响才能回一

　　它和平安静地经历了所有的麻烦

　　一只无底船不能过海

　　但它可以带着任何人过这条河！"

唐僧不敢上那只无底船，但孙悟空抓住了他，把他推上了船。唐和尚掉进了水里。船工把手伸进水里，抓住他，把他拖回船上。猪和沙跟了上去，牵着马，背着行李。

佛祖把船推离岸边。他们看到一具[22]尸体漂来。唐僧吓坏了。但孙悟空说，"师父，别害怕。那就是你。"

---

22 具 jù – (measure word for corpse or stiff thing)

Zhū hé Shā kāishǐ pāizhe tāmen de shǒu, chàngzhe, "Shì nǐ, shì nǐ." Bùjiǔ, chuángōng yě yìqǐ chàng le qǐlái. Tāmen jìxù chàngzhe gē, zhídào chuán dào le yuǎn chù de àn biān. Ránhòu Tángsēng hěn róngyì de tiào xià le chuán. Zhēnshì

Diū le tāmen de ròu hé gǔ

Jīngshén zhǎodào yǒuyì hé ài

Tāmen yào zuò de shì wánchéng le, tāmen jīntiān chéng le fó

Xǐqù le liùliù chén

Dāng tāmen huítóu kàn shí, nà zhī wú dǐ chuán bùjiàn le. Tángsēng gǎnxiè sān wèi túdì bāngzhù tā dào le zhège dìfāng. "Wǒmen hùxiāng bāngzhùguò," Sūn Wùkōng huídá. "Nǐ ràng wǒmen zhīdào le zěnme qù dédào zhèngguǒ, wǒmen bǎohù le nǐ, bāngzhù nǐ líkāi le pǔtōng rén de shēntǐ."

Tāmen jìxù yánzhe Líng Shān xiàngshàng zǒu. Guò le yīhuǐ'er, tāmen

猪和沙开始拍着他们的手，唱着，"是你，是你。"不久，船工也一起唱了起来。他们继续唱着歌，直到船到了远处的岸边。然后唐僧很容易地跳下了船。真是

丢了他们的肉和骨

精神找到友谊和爱

他们要做的事完成了，他们今天成了佛

洗去了六六尘[23]

当他们回头看时，那只无底船不见了。唐僧感谢三位徒弟帮助他到了这个地方。"我们互相帮助过，"孙悟空回答。"你让我们知道了怎么去得到正果，我们保护了你，帮助你离开了普通人的身体。"

他们继续沿着灵山向上走。过了一会儿，他们

[23] In Buddhism there are six *gunas* or dusts, these are impure qualities that come from the sense organs: sight, sound, smell, taste, touch, and thoughts. There are also six roots, corresponding to the sense organs themselves: eyes, ears, nose, tongue, body and mind. The Diamond Sutra describes the world of the six dusts as "a dream, a mirage, a bubble, a shadow." [Dharma Drum Mountain website, www.dharmadrum.org]

lái dào le Léiyīn Sì. Tāde wūdǐng hěn gāo, zhídào tiāntáng, tāde gēn shēn shēn de mái jìn shānlǐ. Dōngxī liǎngbiān shì zhǎng mǎn xiānhuā de gōngdiàn, nánběi liǎngbiān yǒu xǔduō tíngzi hé dàlóu. Zhōngjiān yǒu cǎisè de guāng hé zǐsè de huǒ cóng zhèngdiàn zhōng fāchū.

Tāmen zǒu dào sìmiào de zhèngmén. Rénmen xiàozhe, cóng xiǎolù de liǎngbiān xiàng tāmen huīshǒu. Sì míng shǒuwèi zài ménkǒu huānyíng tāmen, wèn dào, "Shèng sēng dào le ma?"

Tángsēng dī dī de jūgōng, shuō, "Túdì Xuánzàng lái le."

"Qǐng děng zài zhèlǐ," tāmen shuō. Tāmen bǎ zhè chuán gěi le zài zhōng mén de sì wèi shǒuwèi, zhèxiē shǒuwèi bǎ zhè chuán gěi le lǐ mén de sì wèi shǒuwèi. Ránhòu zhèxiē shǒuwèi xiàng Rúlái Fózǔ bàogào shuō, Táng héshang dào le.

Fózǔ hěn gāoxìng. Tā jiào lái le bā wèi púsà, wǔbǎi wèi lǎoshī, sānqiān míng shǒuwèi, shíyī xīng hé shíbā wèi sìmiào shǒuwèi, ràng tāmen zhàn chéng liǎng pái. Ránhòu Tángsēng bèi jiào dào lǐmiàn de dàdiàn. Tā jìn le lǐmiàn de dàdiàn, sān gè túdì gēnzhe tā. Zhū Bājiè bēizhe xínglǐ, Shā Wùjìng qiānzhe mǎ.

Tāmen dǎo dì kòutóu, xiàng fózǔ hé zài tāmen zuǒyòu de qítā rén

来到了雷音寺。它的屋顶很高，直到天堂，它的根深深地埋进山里。东西两边是长满鲜花的宫殿，南北两边有许多亭子和大楼。中间有彩色的光和紫色的火从正殿中发出。

他们走到寺庙的正门。人们笑着，从小路的两边向他们挥手。四名守卫在门口欢迎他们，问道，"圣僧到了吗？"

唐僧低低地鞠躬，说，"徒弟玄奘来了。"

"请等在这里，"他们说。他们把这传给了在中门的四位守卫，这些守卫把这传给了里门的四位守卫。然后这些守卫向如来佛祖报告说，唐和尚到了。

佛祖很高兴。他叫来了八位菩萨、五百位老师、三千名守卫、十一星和十八位寺庙守卫，让他们站成两排。然后唐僧被叫到里面的大殿。他进了里面的大殿，三个徒弟跟着他。猪八戒背着行李，沙悟净牵着马。

他们倒地叩头，向佛祖和在他们左右的其他人

kòutóu. Ránhòu Tángsēng bǎ tāde tōngguān wénshū gěi le fózǔ. Fózǔ kàn le, bǎ tā huán gěi le Tángsēng.

Tángsēng shuō, "Nǐde túdì zài dà Táng huángdì de mìnglìng xià, jīngguò le hěn cháng de lǚtú lái dào nǐde bǎodiàn, xiàng nǐ qiú fójīng, jiù zhòng shēngmìng."

Fózǔ zhāngkāi shèng kǒu, shuō le zhèxiē huà, "Nǐmen de túdì hěn dà, yǒu hěnduō rén. Dànshì yǒu tài duō de tānlán, dǎ shā, shuōhuǎng hé fènnù. Rénmen bù zūnjìng fójiào. Tāmen hùxiāng zuò kěpà de shìqing. Tāmen gěi zìjǐ dài lái dìyù de tòngkǔ. Xǔduō rén jiāng zàishēng wéi shòu, tōngguò chéngwéi rénmen de shíwù lái huán tāmen de zhài. Kǒngzǐ gěi le tāmen zhìhuì zhī jiāo, xǔduō guówáng hé huángdì dōu fāchū le hǎo de fǎlìng, dàn rénmen réngrán hěn bèn, hái yào fànzuì."

Tā jìxù shuō, "Wǒ yǒu sān kuāng jīngshū kěyǐ jiù zhèxiē rén. Yì kuāng shuō de shì tiān, yì kuāng shuō de shì dì, yì kuāng shuō de shì dìyù lǐ de guǐ. Yígòng yǒu sānshíwǔ bù, 15,144 juǎn. Zhèxiē jīngshū kěyǐ tōng xiàng xiān lù. Wǒ xiǎng bǎ tāmen dōu gěi nǐ. Dàn búxìng

叩头。然后唐僧把他的通关文书给了佛祖。佛祖看了，把它还给了唐僧。

唐僧说，"你的徒弟在大唐皇帝的命令下，经过了很长的旅途来到你的宝殿，向你求佛经，救众生命。"

佛祖张开圣口，说了这些话，"你们的土地很大，有很多人。但是有太多的贪婪[24]，打杀，说谎和愤怒。人们不尊敬佛教。他们互相做可怕的事情。他们给自己带来地狱的痛苦。许多人将再生为兽，通过成为人们的食物来还他们的债。孔子给了他们智慧之教，许多国王和皇帝都发出了好的法令，但人们仍然很笨，还要犯罪。"

他继续说，"我有三筐[25]经书可以救这些人。一筐说的是天，一筐说的是地，一筐说的是地狱里的鬼。一共有三十五部，15,144卷。这些经书可以通向仙路。我想把它们都给你。但不幸

---

[24] 贪(婪)　　tān (lán) – greed
[25] 筐　　　　kuāng – basket

de shì, nǐmen nàlǐ de rén tài bèn le, méiyǒu bànfǎ míngbai jīngshū lǐ jiǎng de huà."

Ránhòu tā hǎn dào, "Ā Nuó, Jiā Yè, bǎ zhè sì gè rén dài dào bǎo lóu xiàmiàn de fángjiān. Gěi tāmen yí dùn sùshí fàn. Ránhòu zài sānshíwǔ bù zhōng, cóng měi bù zhòng xuǎn jǐ juǎn gěi tāmen, zhèyàng zhèxiē yóurén jiù kěyǐ dàizhe wǒmen de zhùfú bǎ tāmen dài huí dōngfāng."

Ā Nuó hé Jiā Yè dàizhe sì míng yóurén lái dào bǎo lóu xià de fángjiān. Gěi tāmen sòng lái le xiān shí hé xiān chá. Zhū hé Shā chī le xiān shí, zhè ràng tāmen de shēntǐ huàn le xīn de ròu hé gǔ.

Ránhòu Ā Nuó hé Jiā Yè dàizhe tāmen lái dào fàng shū de bǎo lóu. Dāng mén bèi dǎkāi shí, qiān sè guāng cóng fángjiān zhōng shèchū, jīngshū fàng zài jiàzi shàng. Měi juǎn jīngshū dōu yǒu yígè hóngsè de biāoqiān, biāoqiān shàng zǐxì de xiězhe jīngshū de míngzì.

的是，你们那里的人太笨了，没有办法明白经书里讲的话。"

然后他喊道，"阿傩、伽叶[26]，把这四个人带到宝楼下面的房间。给他们一顿素食饭。然后在三十五部中，从每部中选几卷给他们，这样这些游人就可以带着我们的祝福把它们带回东方。"

阿傩和伽叶带着四名游人来到宝楼下的房间。给他们送来了仙食和仙茶。猪和沙吃了仙食，这让他们的身体换了新的肉和骨。

然后阿傩和伽叶带着他们来到放书的宝楼。当门被打开时，千色光从房间中射出，经书放在架子上。每卷经书都有一个红色的标签[27]，标签上仔细地写着经书的名字。

---

[26] Ananda is the Buddha's primary attendant and one of the ten principal disciples of Gautama Buddha. Kasyapa (also called Mahākāśyapa) was a disciple of Gautama Buddha and assumed leadership of the community of disciples after his teacher's death in 483 BC.

[27] 标签　　biāoqiān – label

Ā Nuó hé Jiā Yè duì Tángsēng shuō, "Shèng sēng, nǐ yǒu shénme xiǎo lǐwù gěi wǒmen? Ràng wǒmen kàn kàn, wǒmen huì hěn gāoxìng bǎ nǐ xiǎngyào de jīngshū gěi nǐ."

Tángsēng huídá shuō, "Duìbùqǐ, wǒmen zǒu le hěn yuǎn de lù, yùdào le hěnduō kùnnán. Wǒmen méiyǒu lǐwù gěi nǐmen."

Ránhòu Sūn Wùkōng duì Tángsēng shuō, "Shīfu, zhè shì búduì de. Wǒmen qù gàosù Rúlái zhè jiàn shì. Tā yīnggāi zìjǐ lái zhèlǐ, bǎ jīngshū gěi wǒmen."

"Bì zuǐ," Ā Nuó shuō. "Nǐ yǐwéi nǐ zài nǎlǐ? Búyào zhège yàngzi. Guòlái ná jīngshū." Sūn Wùkōng hěn shēngqì, dàn Zhū hé Shā zǔzhǐ tā zài shuōhuà. Ā Nuó hé Jiā Yè kāishǐ bǎ jīngshū gěi túdìmen. Yǒu de bèi fàng zài mǎ bèi shàng, qítā de bèi dǎ chéng kǔn, yóu Zhū hé Shā bēizhe. Ránhòu měi gè rén dōu huí dào le fózǔ de bǎozuò qián, zàicì xiàng tā kòutóu, ránhòu xià le shān.

Dāng jīngshū gěi Tángsēng hé tā de túdìmen de shíhòu, yǒu wèi míng jiào Rán Dēng Fó de gǔ fó zhèngzài kànzhe, tīngzhe. Rán Dēng Fó zhīdào,

阿傩和伽叶对唐僧说，"圣僧，你有什么小礼物给我们？让我们看看，我们会很高兴把你想要的经书给你。"

唐僧回答说，"对不起，我们走了很远的路，遇到了很多困难。我们没有礼物给你们。"

然后孙悟空对唐僧说，"师父，这是不对的。我们去告诉如来这件事。他应该自己来这里，把经书给我们。"

"闭嘴，"阿傩说。"你以为你在哪里？不要这个样子。过来拿经书。"孙悟空很生气，但猪和沙阻止他再说话。阿傩和伽叶开始把经书给徒弟们。有的被放在马背上，其他的被打成捆，由猪和沙背着。然后每个人都回到了佛祖的宝座前，再次向他叩头，然后下了山。

当经书给唐僧和他的徒弟们的时候，有位名叫燃灯佛[28]的古佛正在看着、听着。燃灯佛知道，

---

[28] Dipankara is one of the Buddhas of the past. He is said to have lived on Earth one hundred thousand *kalpas* ago, where each *kalpa* is 4.32

Ā Nuó hé Jiā Yè gěi de jīngshū shàng méiyǒu zì. Tā
xiàozhe duì zìjǐ shuō, "Nàxiē bèn héshang bù zhīdào
tāmen ná dào de shì shénme." Ránhòu tā jiào tāde yígè
luóhàn, shuō, "Kuài qù Tángsēng nàlǐ. Gàosù tā fāshēng
de shìqing. Ránhòu cóng tāde nàlǐ ná huí wú zì jīng, ràng
tā huílái qǔ yǒu zì zhēn jīng." Luóhàn fēicháng kuài de fēi
qù, kuài dé ràng hélǐ hé hǎilǐ de làng dōu xiàng hòu tuì,
ràng sēnlín zhōng de shùmù dōu duàn le.

Luóhàn fēi xiàng Tángsēng hé tāde túdìmen. Tā
shēnshǒu xiàqù, zhuā qǐ jīngshū. Ránhòu bǎ tāmen sī
chéng suìpiàn, diū zài dìshàng, ránhòu fēi zǒu le.
Tángsēng guì dǎo zài dì, ná qǐ jǐ piàn, kūzhe shuō,
"Túdìmen, jiù lián zhè shèngdì, yěyǒu yāoguài yào piàn
wǒmen."

Dàn Shā kànzhe yìxiē suìpiàn. Tāmen xiàng xuě yíyàng
bái. "Shīfu," tā shuō, "zhèxiē jīngshū shàng shénme dōu
méi xiě." Tángsēng, Sūn Wùkōng, Zhū dōu ná qǐ jǐ piàn
kàn, fāxiàn shàngmiàn méiyǒu zì.

---

billion years. It is said that Dipankara was a previous Buddha who
attained Enlightenment many millenia before Gautama Buddha, the
historical Buddha.

阿傩和伽叶给的经书上没有字。他笑着对自己
说，"那些笨和尚不知道他们拿到的是什
么。"然后他叫他的一个罗汉[29]，说，"快去唐
僧那里。告诉他发生的事情。然后从他的那里
拿回无字经，让他回来取有字真经。"罗汉非
常快地飞去，快得让河里和海里的浪都向后
退，让森林中的树木都断了。

罗汉飞向唐僧和他的徒弟们。他伸手下去，抓
起经书。然后把它们撕成碎片，丢在地上，然
后飞走了。唐僧跪倒在地，拿起几片，哭着
说，"徒弟们，就连这圣地，也有妖怪要骗我
们。"

但沙看着一些碎片。它们像雪一样白。"师
父，"他说，"这些经书上什么都没写。"唐
僧、孙悟空、猪都拿起几片看，发现上面没有
字。

---

[29] 罗汉　　luóhàn – arhat. In Buddhism, this is someone who has achieved enlightenment and reached the state of perfection.

Tángsēng shuō, "Wǒmen xiànzài gāi zěnme bàn? Rúguǒ wǒ kōngshǒu huí dào Táng dìguó, huángdì huì shā le wǒ."

Sūn Wùkōng shuō, "Shīfu, wǒ xiǎng Ā Nuó hé Jiā Yè gěi wǒmen zhèxiē jīngshū, shì yīnwèi wǒmen méiyǒu gěi tāmen rènhé lǐwù. Zhè shì qiāozhà lèsuǒ. Ràng wǒmen huíqù gàosù Rúlái." Tángsēng tóngyì le, sì rén hěn kuài de gǎn huí shānshàng, lái dào le Léiyīn Sì.

Tāmen jìn le zhèngdiàn. Sūn Wùkōng duì Rúlái Fó hǎn dào, "Rúlái, wǒmen zǒu le qiān wàn lǐ lù, hé xǔduō móguǐ zhàndòu, lái dào zhèlǐ. Nǐ ràng Ā Nuó hé Jiā Yè gěi wǒmen jīngshū, dàn tāmen gěi wǒmen de jīngshū méiyǒu zì. Zhèxiē yǒu shénme yòng? Wǒ qiú nǐ, chéngfá nà liǎng gè rén, gěi wǒmen kěyǐ yòng de jīngshū."

Rúlái Fó xiàozhe shuō, "Wǒ zhīdào nàxiē jīngshū shàng méiyǒu zì. Tāmen shì zhēnde wú zì jīng, dàn nǐmen láizì dōngfāng de rén tài bèn le, bùnéng yòng tāmen. Suǒyǐ, wǒmen zhǐnéng gěi nǐmen yǒu zì de jīngshū. Ā Nuó hé Jiā Yè, qǔ jǐ juàn shàngmiàn yǒu zì de jīng

唐僧说，"我们现在该怎么办？如果我空手回到唐帝国，皇帝会杀了我。"

孙悟空说，"师父，我想阿傩和伽叶给我们这些经书，是因为我们没有给他们任何礼物。这是敲诈勒索[30]。让我们回去告诉如来。"唐僧同意了，四人很快地赶回山上，来到了雷音寺。

他们进了正殿。孙悟空对如来佛喊道，"如来，我们走了千万里路，和许多魔鬼战斗，来到这里。你让阿傩和伽叶给我们经书，但他们给我们的经书没有字。这些有什么用？我求你，惩罚那两个人，给我们可以用的经书。"

如来佛笑着说，"我知道那些经书上没有字。它们是真的无字经，但你们来自东方的人太笨了，不能用它们。所以，我们只能给你们有字的经书。阿傩和伽叶，取几卷上面有字的经

---

[30] 敲诈勒索 qiāozhà lèsuǒ – extortion. Alone, 敲诈 and 勒索 each mean blackmail, which is a threat to reveal information. But when combined into 敲诈勒索 it means extortion, a threat of violence, demand for payment, or similar use of power.

shū."

Ā Nuó hé Jiā Yè zài yícì dàizhe sì wèi yóurén lái dào jīngshū fángjiān. "Zhè cì nǐ yǒu shénme gěi wǒmen?" tāmen wèn. Tángsēng gěi le tā zìjǐ yòng lái yàofàn de zǐjīn wǎn, nà shì Táng huángdì sòng gěi tā de. Ā Nuó shénme dōu méi shuō jiù jiēguò le wǎn. Jiā Yè ná le 5,048 juǎn jīngshū, quándōu gěi le Tángsēng.

"Túdìmen," Táng héshang shuō, "zǐxì kàn kàn měi yí juàn!" Tāmen kàn le měi yí juàn, fāxiàn měi yí juàn dōu yǒu zì. Yóurénmen fànghǎo le jīngshū. Ránhòu tāmen huí dào le zhèngdiàn. Rúlái wèn Ā Nuó hé Jiā Yè, Táng héshang qǔ le duōshǎo jīngshū. Ā Nuó gàosù tā měi juǎn jīngshū de míngzì hé yígòng duōshǎo juǎn.

Fózǔ diǎntóu, shuō, "Zhèxiē jīngshū de lìliàng, búshì nǐ néng míngbái de. Tāmen shì sān gè zōngjiào de gēn hé běn. Dāng nǐ bǎ tāmen dài huí nǐmen dōngfāng shí, búyào ràng rènhé rén pèng tāmen, chúfēi zhè zhīqián tāmen xǐzǎo, bù chī dōngxi. Ránhòu tāmen huì zhǎodào chángshēng bùlǎo hé chángjiǔ zhìhuì de yàoshi."

Tángsēng sāncì dǎo dì kòutóu, gǎnxiè fózǔ. Ránhòu tā hé tā de sān gè túdì líkāi le Léiyīn Sì.

书。"

阿傩和伽叶再一次带着四位游人来到经书房间。"这次你有什么给我们？"他们问。唐僧给了他自己用来要饭的紫金碗，那是唐皇帝送给他的。阿傩什么都没说就接过了碗。伽叶拿了 5,048 卷经书，全都给了唐僧。

"徒弟们，"唐和尚说，"仔细看看每一卷！"他们看了每一卷，发现每一卷都有字。游人们放好了经书。然后他们回到了正殿。如来问阿傩和伽叶，唐和尚取了多少经书。阿傩告诉他每卷经书的名字和一共多少卷。

佛祖点头，说，"这些经书的力量，不是你能明白的。它们是三个宗教的根和本。当你把它们带回你们东方时，不要让任何人碰它们，除非这之前他们洗澡、不吃东西。然后他们会找到长生不老和长久智慧的钥匙。"

唐僧三次倒地叩头，感谢佛祖。然后他和他的三个徒弟离开了雷音寺。

Tāmen zǒu hòu, Guānyīn púsà zǒuxiàng fózǔ. Tā shuāngshǒu hé qǐ, duì tā shuō, "Fózǔ, Táng héshang cóng kāishǐ tāde lǚtú dào xiànzài, yǐjīng shísì nián le. Yě jiùshì 5,040 tiān. Rúguǒ nǐ ràng tā yòng bā tiān de shíjiān huí dào dōngfāng, nà jiāng shì yígè wánměi shù."

Rúlái tóngyì le. Tā duì Bādà Jīngāng shuō, "Yòng nǐmen de mólì, kuài kuài de bǎ Táng héshang dài huí dōngfāng. Děng tā bǎ jīngshū jiāo gěi tāde huángdì hòu, jiù mǎshàng bǎ tā dài huí zhèlǐ. Zài bā tiān lǐ wánchéng zhè yíqiè." Bādà Jīngāng fēi qù zhuī shàng Tángsēng hé tāde túdìmen. Tāmen zhuā qǐ tāmen sì gè rén, háiyǒu mǎ, xínglǐ hé jīngshū, dàizhe tāmen chuān yún fēi qù.

他们走后，观音菩萨走向佛祖。她双手合起，对他说，"佛祖，唐和尚从开始他的旅途到现在，已经十四年了。也就是 5,040 天[31]。如果你让他用八天的时间回到东方，那将是一个完美[32]数[33]。"

如来同意了。他对八大金刚说，"用你们的魔力，快快地把唐和尚带回东方。等他把经书交给他的皇帝后，就马上把他带回这里。在八天里完成这一切。"八大金刚飞去追上唐僧和他的徒弟们。他们抓起他们四个人，还有马、行李和经书，带着他们穿云飞去。

---

[31] In ancient times, the Chinese year was made up of six 60-day periods totaling 360 days, as Guanyin says here. But later this was refined to make the year more accurate. By the first century BC, the length of a year according to the Tàichū calendar was 365 plus 385/1539 days, or 365.2502 days. This is very close to the modern figure of 365.2422 days.

[32] 完美　　　wánměi – perfect

[33] The journey of the historical Tang monk actually took seventeen years. But in this story the journey is said to last only fourteen years, or 5,040 days. Adding 8 to this gives 5,048.

Dì 99 Zhāng

Dāng Bādà Jīngāng dàizhe Tángsēng hé túdìmen huí dōngfāng shí, jǐ wèi tiānshén zhèng hé Guānyīn púsà shuōhuà. Tā duì tāmen shuō, "Gēn wǒ shuō shuō Táng héshang de lǚtú."

Tāmen huídá shuō, "Nǐ de túdìmen xiǎoxīn de kànzhe tā. Zài tā xǔduō cì kǔnàn zhōng, tā shòudào le jí dà de tòngkǔ. Dào xiànzài, tā yǐjīng shòudào le bāshí cì kǔnán. Tāmen shì:

1. Zài tā shì Jīn Chán de shíhòu, tā bèi sòngchū fózǔ de jiā [9]

2. Zài tā gāng chūshēng de shíhòu, jīhū bèi shā sǐ [9]

3. Zài tā yígè yuè dà de shíhòu, tā bèi rēng jìn hé lǐ [9]

4. Tā zhǎo tāde fùmǔ, wèi tā fùqīn de sǐ bàochóu [9]

5. Tā diào jìn le yígè dòng lǐ, bèi sān gè mówáng zhuā zhù [13]

6. Hé tā yìqǐ de liǎng gè rén bèi móguǐ zhǔ le chī le [13]

7. Tā bèi lǎohǔ gōngjī, bèi Liú Bóqīn jiù le [13]

8. Tā zài Liǎng Jiè Shān fùjìn de lùshàng bèi qiángdào gōngjī [14]

9. Zài Yīng Chóu Xī, tāde mǎ bèi lóng tūn le [15]

10. Tā jīhū bèi Guānyīn Diàn de héshang fànghuǒ shāo sǐ [16]

第 99 章

当八大金刚带着唐僧和徒弟们回东方时，几位天神正和观音菩萨说话。她对他们说，"跟我说说唐和尚的旅途。"

他们回答说，"你的徒弟们小心地看着他。在他许多次苦难中，他受到了极大的痛苦。到现在，他已经受到了八十次苦难。它们是[34]：

1. 在他是金蝉的时候，他被送出佛祖的家 ［9］

2. 在他刚出生的时候，几乎被杀死 ［9］

3. 在他一个月大的时候，他被扔进河里 ［9］

4. 他找他的父母，为他父亲的死报仇 ［9］

5. 他掉进了一个洞里，被三个魔王抓住 ［13］

6. 和他一起的两个人被魔鬼煮了吃了 ［13］

7. 他被老虎攻击，被刘伯钦救了 ［13］

8. 他在两界山附近的路上被强盗攻击 ［14］

9. 在鹰愁溪，他的马被龙吞了 ［15］

10. 他几乎被观音殿的和尚放火烧死 ［16］

---

[34] For each of these eighty trials, the chapter(s) where the event happened is also shown. See the Authors' Note.

11. Tāde sēngyī bèi hēixióng móguǐ tōuzǒu le [17]

12. Tā dǎbài le Zhū Bājiè, ràng tā chéngwéi le tāde túdì [18-19]

13. Tā bèi Huáng Fēng Lǐng de móguǐ zhuā le [20]

14. Tāde túdì Sūn Wùkōng de yǎnjīng kàn bújiàn le, dàn bèi yī wèi lǎorén zhìhǎo le [21]

15. Tā zǒuguò bèi shā móguǐ shǒuwèizhe de Liú Shā Hé [22]

16. Tā dǎbài le Shā Wùjìng, ràng tā chéngwéi le tāde túdì [22]

17. Tāde chán xīn shòudào yí wèi mǔqīn hé tāde sān gè měilì nǚ'ér de kǎoyàn [23]

18. Tā jùjué chī shénqí de rénshēnguǒ, yīnwèi tāmen kàn qǐlái xiàng xiǎohái [24-25]

19. Tā jīhū bèi Zhènyuán Dàxiān yòng yóu zhǔ le [26]

20. Tā gǎn zǒu Sūn Wùkōng, yīnwèi tā shā le yāoguài [27]

21. Tā zài sēnlín zhōng bèi Huáng Páo Yāoguài zhuā le [28]

22. Tā bèipò gěi Bǎo Xiàng Wángguó de guówáng xiě xìn [29]

23. Tā bèi lǎohǔ yāoguài biànchéng le yì zhī lǎohǔ [30-31]

24. Tā bèi Jīn Jiǎo Wáng hé Yín Jiǎo Wáng zhuā le [32-33]

25. Tā bèi diào zài shāndòng lǐ de liáng shàng [34-35]

26. Zài mèng zhōng, tā yùdào le yān sǐ de Wūjī Wángguó de guówáng [36]

11. 他的僧衣被黑熊魔鬼偷走了 [17]

12. 他打败了猪八戒，让他成为了他的徒弟 [18-19]

13. 他被黄风岭的魔鬼抓了 [20]

14. 他的徒弟孙悟空的眼睛看不见了，但被一位老人治好了 [21]

15. 他走过被沙魔鬼守卫着的流沙河 [22]

16. 他打败了沙悟净，让他成为了他的徒弟 [22]

17. 他的禅心受到一位母亲和她的三个美丽女儿的考验 [23]

18. 他拒绝吃神奇的人参果，因为它们看起来像小孩 [24-25]

19. 他几乎被镇元大仙用油煮了 [26]

20. 他赶走孙悟空，因为他杀了妖怪 [27]

21. 他在森林中被黄袍妖怪抓了 [28]

22. 他被迫给宝象王国的国王写信 [29]

23. 他被老虎妖怪变成了一只老虎 [30-31]

24. 他被金角王和银角王抓了 [32-33]

25. 他被吊在山洞里的梁上 [34-35]

26. 在梦中，他遇到了淹死的乌鸡王国的国王 [36]

27. Tā yùdào le yígè zhǎng dé hé tā yíyàng de móguǐ [38-39]

28. Tā zài sēnlín lǐ fāxiàn bèi bǎng zài yì kē shù shàng de móguǐ Hóng Hái'ér [40]

29. Tā bèi Hóng Hái'ér nòng chū de fēng dài zǒu le [40]

30. Tā kàndào Sūn Wùkōng jīhū bèi Hóng Hái'ér de mó huǒ shā sǐ [41]

31. Tā jīhū bèi Hóng Hái'ér hé Niú Mówáng chī diào [42]

32. Tā bèi tuō dào shuǐ xià, jīhū bèi èyú móguǐ chī diào [43]

33. Tā kàndào fójiàotú zài Chēchí Wángguó shòudào tòngkǔ [44]

34. Tā cānjiā le hé dàojiào móguǐ de jìngxiǎng bǐsài [45]

35. Tā cānjiā le hé dàojiào móguǐ de cāi dōngxi bǐsài [46]

36. Tā yùdào le yígè mówáng, tā měinián chī liǎng gè xiǎo háizi [47]

37. Tā guò Tōng Tiān Hé shí diào rù bīng lǐ [48]

38. Tā kàndào Guānyīn bǎ móguǐ biànchéng jīnyú [49]

39. Tā bèi shuǐniú móguǐ zhuā le [50]

40. Tā kàndào Nǎzhā Wángzǐ yě bùnéng dǎbài shuǐniú móguǐ [51]

41. Tā yāoqiú Tàishàng Lǎojūn bāngzhù, dǎbài shuǐniú móguǐ [52]

42. Tā zài Nǚrén Guó huáiyùn le [53]

43. Tā jīhū hé Nǚrén Guó de nǚwáng jiéhūn [54]

27. 　　 他遇到了一个长得和他一样的魔鬼 [38-39]

28. 他在森林里发现被绑在一棵树上的魔鬼红孩儿 [40]

29. 他被红孩儿弄出的风带走了 [40]

30. 他看到孙悟空几乎被红孩儿的魔火杀死 [41]

31. 他几乎被红孩儿和牛魔王吃掉 [42]

32. 他被拖到水下，几乎被鳄鱼[35]魔鬼吃掉 [43]

33. 他看到佛教徒在车迟王国受到痛苦 [44]

34. 他参加了和道教魔鬼的静想比赛 [45]

35. 他参加了和道教魔鬼的猜东西比赛 [46]

36. 他遇到了一个魔王，他每年吃两个小孩子 [47]

37. 他过通天河时掉入冰里 [48]

38. 他看到观音把魔鬼变成金鱼 [49]

39. 他被水牛魔鬼抓了 [50]

40. 他看到哪吒王子也不能打败水牛魔鬼 [51]

41. 他要求太上老君帮助，打败水牛魔鬼 [52]

42. 他在女人国怀孕了 [53]

43. 他几乎和女人国的女王结婚 [54]

---

[35] 鳄鱼　　　èyú – crocodile

121

44. Tā zài měilì de xiēzi móguǐ de dòng zhōng shòudào tòngkǔ [55]
45. Tā yīnwèi Sūn Wùkōng shā le tài duō de qiángdào bǎ tā gǎn zǒu le [56]
46. Tā bèi yì zhī zhǎng dé xiàng Sūn Wùkōng de liù ěr míhóu dǎ le [57-58]
47. Tāde lù bèi Huǒyàn Shān dǎngzhù le [59]
48. Tā qiú bājiāoshàn [60]
49. Tā kàndào tāde túdìmen hé Niú Mówáng zhàndòu [61]
50. Tā sǎo Jì Sài Wángguó de bǎotǎ [62]
51. Tā zhǎo huí le bǎobèi, jiù le héshang [63]
52. Tā zài shùlín lǐ zǒu diū le, hé sān gè shù jīng niàn shīgē [64]
53. Tā zài xiǎo Léiyīn Sì yùjiàn le yìzūn jiǎ fó [65]
54. Tā kàndào tiānguó zhànshì bèi Huáng Méi Wáng zhuā zhù [65-66]
55. Tā zài Xī Shǐ Shān kǒu bèi yìtiáo dàshé dǎngzhù le [67]
56. Tā ràng Sūn Wùkōng shìzhe zhìhǎo Zhūzǐ Wángguó shēngbìng de guówáng [68]
57. Tā kàndào Sūn Wùkōng zhìhǎo le Zhūzǐ Wángguó de guówáng [69]
58. Tāde túdì hé yígè yāoguài zhàndòu, jiù le yígè nǚwáng [70-71]
59. Tā bèi bǎng qǐlái, jīhū bèi qī gè měilì de zhīzhū móguǐ chī le [72]
60. Tā kàndào Sūn Wùkōng bèi Bǎi Yǎn Mówáng dǎ shāng [73]

44. 他在美丽的蝎子魔鬼的洞中受到痛苦 [55]

45. 他因为孙悟空杀了太多的强盗把他赶走了 [56]

46. 他被一只长得像孙悟空的六耳猕猴打了
    [57-58]

47. 他的路被火焰山挡住了 [59]

48. 他求芭蕉扇 [60]

49. 他看到他的徒弟们和牛魔王战斗 [61]

50. 他扫祭赛王国的宝塔 [62]

51. 他找回了宝贝，救了和尚 [63]

52. 他在树林里走丢了，和三个树精念诗歌 [64]

53. 他在小雷音寺遇见了一尊假佛 [65]

54. 他看到天国战士被黄眉王抓住 [65-66]

55. 他在稀屎山口被一条大蛇挡住了 [67]

56. 他让孙悟空试着治好朱紫王国生病的国王 [68]

57. 他看到孙悟空治好了朱紫王国的国王 [69]

58. 他的徒弟和一个妖怪战斗，救了一个女王
    [70-71]

59. 他被绑起来，几乎被七个美丽的蜘蛛魔鬼吃了
    [72]

60. 他看到孙悟空被百眼魔王打伤 [73]

61. Tāde lù bèi Dà Péng hé tāde xiōngdìmen dǎngzhù le [74]

62. Tā bèi Dà Péng shēnbiān de móguǐ zhuā le [76]

63. Tā bèi Dà Péng hé tāde xiōngdìmen fàng jìn zhēng guō lǐ [77]

64. Tā xūyāo qiú fózǔ bāngzhù, xiángfú móguǐ [77]

65. Tā zài Bǐqiū Wángguó jiù le lóngzi lǐ de háizi [78]

66. Tāde xīn jīhū bèi Bǐqiū Wángguó de dàoren chī le [79]

67. Tā zài sēnlín lǐ fāxiàn bèi bǎng zài shù shàng yígè nǚ móguǐ [80]

68. Tā zài sìmiào lǐ shēngbìng le [81]

69. Tā bèi móguǐ zhuāzhù, bèi guān zài Wúdǐ Dòng [81-83]

70. Tā zhǐnéng duǒ zài Miè Fǎ Wángguó de mù xiāng lǐ [84]

71. Tā bèi Nánshān Dàwáng shēnbiān de móguǐ zhuā le [85-86]

72. Tā gěi Fèng Xiān Jùn dài lái le yǔ [87]

73. Tā zài Fèng Xiān Jùn diū le wǔqì [88]

74. Tā bèi Jiǔ Tóu Shīzi zhuā le [89]

75. Tā kàndào Sūn Wùkōng hé Tiānzūn de shìwèi zhàndòu [90]

76. Tā zài Yuánxiāo Jié bèi sān gè jiǎ fó zhuā le [91]

77. Tā kàndào Sūn Wùkōng hé sān zhī xīniú móguǐ zhàndòu [92]

78. Tā bèi Yìndù móguǐ gōngzhǔ diū de xiùqiú jī zhòng [93-95]

79. Yīnwéi qiángdào shā le Kòu Yuánwài, tā bèi guān jìn jiānyù [96-97]

80. Tā zài Líng Shān fàngqì le zìjǐ pǔtōng rén de shēntǐ [98]

61. 他的路被大鹏和他的兄弟们挡住了 [74]

62. 他被大鹏身边的魔鬼抓了 [75]

63. 他被大鹏和他的兄弟们放进蒸锅里 [76]

64. 他需要求佛祖帮助，降伏魔鬼 [77]

65. 他在比丘王国救了笼子里的孩子 [78]

66. 他的心几乎被比丘王国的道人吃了 [79]

67. 他在森林里发现被绑在树上一个女魔鬼 [80]

68. 他在寺庙里生病了 [81]

69. 他被魔鬼抓住，被关在无底洞 [81-83]

70. 他只能躲在灭法王国的木箱里 [84]

71. 他被南山大王身边的魔鬼抓了 [85-86]

72. 他给凤仙郡带来了雨 [87]

73. 他在凤仙郡丢了武器 [88]

74. 他被九头狮子抓了 [89]

75. 他看到孙悟空和天尊的侍卫战斗 [90]

76. 他在元宵节被三个假佛抓了 [91]

77. 他看到孙悟空和三只犀牛魔鬼战斗 [92]

78. 他被印度魔鬼公主丢的绣球击中 [93-95]

79. 因为强盗杀了寇员外，他被关进监狱 [96-97]

80. 他在灵山放弃了自己普通人的身体 [98]

Táng héshang yígòng zǒu le shí wàn bāqiān lǐ, shòudào le bāshí chì kǔnán."

Guānyīn shuō, "Zài fójiào zhōng, jiǔ chéng jiǔ shì tōng xiàng wánměi zhī dào. Táng héshang hái xūyào yǒu yícì kǔnán, cáinéng dào shèng shù 81. Xiànzài qù. Zhǎodào Bādà Jīngāng, gàosù tāmen hái xūyào yícì kǔnán."

Yí wèi tiānshén mǎshàng fēi dào yún shàng, gǎn shàng Bādà Jīngāng. Tā zài tāmen ěr biān qīng yǔ. Bādà Jīngāng bǎ Tángsēng, tāde sān gè túdì, mǎ hé xínglǐ dōu rēng zài le dìshàng.

Tángsēng cóng dìshàng pá qǐlái, kàn le sìzhōu. "Wùkōng, wǒmen zài nǎlǐ?"

Sūn Wùkōng shuō, "Shīfu, wǒmen zài Tōng Tiān Hé xī àn."

"Shìde, wǒ jì qǐlái le. Chén Jiā Cūn zài dōng àn. Nàshí tāmen xiǎng zào yì zhī chuán dài women guò hé, dàn yì zhī dà wūguī bǎ wǒmen dàiguò le hé. Wǒmen xiànzài gāi zěnme bàn?"

唐和尚一共走了十万八千里，受到了八十次苦难。"

观音说，"在佛教中，九乘九是通向完美之道。唐和尚还需要有一次苦难，才能到圣数81。现在去。找到八大金刚，告诉他们还需要一次苦难。"

一位天神马上飞到云上，赶上八大金刚。他在他们耳边轻语。八大金刚把唐僧、他的三个徒弟、马和行李都扔在了地上。

唐僧从地上爬起来，看了四周。"悟空，我们在哪里？"

孙悟空说，"师父，我们在通天河西岸。"

"是的，我记起来了。陈家村在东岸。那时他们想造一只船带我们过河，但一只大乌龟把我们带过了河[36]。我们现在该怎么办？"

---

[36] This occurred in *The Great Demon King*, the 16th book in the series.

"Zhè méi wèntí," Shā shuō. "Shīfu xiànzài yǒu le yígè bùsǐ zhī shēn, tā kěyǐ hé wǒmen yìqǐ fēiguò hé."

Sūn Wùkōng xiào dào, "Bù, wǒde xiōngdì. Zhè shì bùxíng de." Qíshí zhè bùshì zhēn huà. Dàn hóuzi zhīdào, Tángsēng zhǐ shòudào le bāshí cì kǔnán, hái xūyào yícì, cáinéng dào jiǔ chéng jiǔ de shèng shù.

Tāmen zhèng shuōzhe, jiù tīngdào yígè shēngyīn jiào dào, "Táng héshang, Táng héshang! Guòlái!" Tāmen kàn le kàn, kàndào le yì zhī dà wūguī. Zhè shì jǐ nián qián dài tāmen guò hé de nà zhī wūguī. Tā shuō, "Shīfu, wǒ děng nǐ hěnduō nián le."

Tángsēng shuō, "Lǎo wūguī, nǐ bāngguò wǒmen yícì, jīntiān wǒmen yòu jiànmiàn le. Nǐ huì zài bāng wǒmen yícì ma?"

Wūguī màn màn de zǒu dào hé àn shàng. Sì míng yóurén pá shàng tāde bèi, Shā qiānzhe mǎ, Zhū názhe xínglǐ. Ránhòu wūguī zǒu jìn shuǐ lǐ, kāishǐ fēikuài de guò hé. Tāmen xiàng dōng zǒu le jìn yìtiān. Dāng tāmen kàndào hé dōng àn shí, wūguī duì Tángsēng shuō, "Dàshī, nǐ hái jìdé wǒmen shàng cì jiànmiàn de shíhòu, wǒ qiú nǐ gěi Rúlái Fó dài huà, wèn tā wǒ zěnme néng gǎi le wǒ yuánlái de yàng

128

"这没问题，"沙说。"师父现在有了一个不死之身，他可以和我们一起飞过河。"

孙悟空笑道，"不，我的兄弟。这是不行的。"其实这不是真话。但猴子知道，唐僧只受到了八十次苦难，还需要一次，才能到九乘九的圣数。

他们正说着，就听到一个声音叫道，"唐和尚，唐和尚！过来！"他们看了看，看到了一只大乌龟。这是几年前带他们过河的那只乌龟。它说，"师父，我等你很多年了。"

唐僧说，"老乌龟，你帮过我们一次，今天我们又见面了。你会再帮我们一次吗？"

乌龟慢慢地走到河岸上。四名游人爬上它的背，沙牵着马，猪拿着行李。然后乌龟走进水里，开始飞快地过河。他们向东走了近一天。当他们看到河东岸时，乌龟对唐僧说，"大师，你还记得我们上次见面的时候，我求你给如来佛带话，问他我怎么能改了我原来的样

zi, zài chūshēng chéngwéi rén."

Tángsēng quán xīn dōu zài bàifó shàng, tā yǐjīng wánquán wàngjì le zìjǐ duì wūguī de chéngnuò. Tā bùnéng shuōhuǎng, dàn tā bùxiǎng shuō zhēn huà, suǒyǐ tā zhǐshì zhàn zài wūguī de bèi shàng, shénme yě méi shuō. Guò le yīhuǐ'er, wūguī míngbai le, Tángsēng yǐjīng wàngjì le tā zìjǐ de chéngnuò. Wūguī yí jù huà yě bù shuō, yáozhe zìjǐ de shēntǐ. Suǒyǒu de yóurén hé mǎ dōu cóng wūguī de bèi shàng diào le xiàlái, diào jìn le bīnglěng de shuǐzhōng.

Rúguǒ zhè fāshēng zài Tángsēng qù Líng Shān zhīqián, tāde pǔtōng rén de shēntǐ jiù huì chén rù hé dǐ. Dàn xiànzài, tā de bùsǐ zhī shēn méiyǒu chén xiàqù. Sūn Wùkōng zhuā zhù tā, yóu dào hé dōng àn, Zhū, Shā hé mǎ yě yóu le guòqù. Suǒyǒu de dōngxi dōu bèi shuǐ nòng shī le, qízhōng yǒu yì kǔn kǔn de shèngjīng.

Tāmen gāng cóng hé lǐ pá chūlái, tiānkōng jiù biàn dé hēi qǐlái. Léi shēng lónglóng, shǎndiàn xiàng jīnshé huàguò tiānkōng, fēng chuīguò, dàyǔ kāishǐ xià le qǐlái. Móguǐ bāowéizhe tāmen, xiǎng yào ná zǒu shèngjīng. Tángsēng, Zhū hé Shā jǐn jǐn de bàozhù shèngjīng, Sūn Wùkōng huīdòngzhe jīn gū bàng, gǎnzhe móguǐmen. Tā yígè wǎnshàng dōu zài hé móguǐ zhàndòu, zhídào zǎochén de

子，再出生成为人。"

唐僧全心都在拜佛上，他已经完全忘记了自己对乌龟的承诺。他不能说谎，但他不想说真话，所以他只是站在乌龟的背上，什么也没说。过了一会儿，乌龟明白了，唐僧已经忘记了他自己的承诺。乌龟一句话也不说，摇着自己的身体。所有的游人和马都从乌龟的背上掉了下来，掉进了冰冷的水中。

如果这发生在唐僧去灵山之前，他的普通人的身体就会沉入河底。但现在，他的不死之身没有沉下去。孙悟空抓住他，游到河东岸，猪、沙和马也游了过去。所有的东西都被水弄湿了，其中有一捆捆的圣经。

他们刚从河里爬出来，天空就变得黑起来。雷声隆隆，闪电像金蛇划过天空，风吹过，大雨开始下了起来。魔鬼包围着他们，想要拿走圣经。唐僧、猪和沙紧紧地抱住圣经，孙悟空挥动着金箍棒，赶着魔鬼们。他一个晚上都在和魔鬼战斗，直到早晨的太阳出来的时候。

"Gāngcái shì zěnmele?" Tángsēng wèn Sūn Wùkōng.

Hóu wáng huídá shuō, "Shīfu, nǐ bù míngbai. Dāng fózǔ gěi wǒmen zhèxiē shèngjīng shí, wǒmen shì zài názǒu tiāndì de lìliàng. Zhè jiùshì wèishénme zuówǎn móguǐ hé zhòng shén yào gōngjī wǒmen. Tāmen xiǎng bǎ jīngshū cóng wǒmen zhèlǐ názǒu, zhèyàng wǒmen jiù bùnéng bǎ tāmen gěi Táng dìguó de rénmen. Tāmen bèi nǐ nà méiyǒu bànfǎ shòudào shānghài de fǎshēn dǎngzhù le, dāngrán yě bèi wǒ de jīn gū bàng dǎngzhù le. Xiànzài shì zǎochén. Zhèshì yáng bǐ yīn qiáng de shíhòu, suǒyǐ tāmen gōngjī bùliǎo wǒmen."

Qítā rén gǎnxiè Sūn Wùkōng dǎbài le móguǐ. Tāmen bǎ jīngshū fàng zài yìxiē píng shí shàng, ràng tāmen zài tàiyáng guāng xià biàn gàn. Zhēn shì,

Chún yáng shēntǐ miànxiàng tàiyáng guāng

Yīn mó méiyǒu bànfǎ jìxù zhàndòu

Dāng shuǐ qiáng shí, zhēn jīng jiù huì yíng

Búpà léi, shǎndiàn, yǔ, fēng

Yóurén xiànzài jiāng wù zhēnxiàng

Tāmen jiāng dào shénxiān zhī dì

Zhèxiē shítou jiāng yǒngyuǎn zài

"刚才是怎么了？"唐僧问孙悟空。

猴王回答说，"师父，你不明白。当佛祖给我们这些圣经时，我们是在拿走天地的力量。这就是为什么昨晚魔鬼和众神要攻击我们。他们想把经书从我们这里拿走，这样我们就不能把它们给唐帝国的人们。他们被你那没有办法受到伤害的法身挡住了，当然也被我的金箍棒挡住了。现在是早晨。这是阳比阴强的时候，所以他们攻击不了我们。"

其他人感谢孙悟空打败了魔鬼。他们把经书放在一些平石上，让它们在太阳光下变干。真是，

纯阳身体面向太阳光

阴魔没有办法继续战斗

当水强时，真经就会赢

不怕雷、闪电、雨、风

游人现在将悟真相

他们将到神仙之地

这些石头将永远在

Móguǐ jiāng zài yě búhuì lái dào zhège dìfāng

Liǎng gè dǎ yú rén kàndào le yóurén. Dāng tāmen huí dào Chén Jiā Cūn shí, tāmen zhǎodào Chén lǎorén. Gàosù tā, xīyóu de shīfumen yǐjīng huílái le. Chén qù jiàn yóurén, shuō, "Wǒde dàrén a, nǐmen yǒu le shèngjīng, nǐmen de gōngzuò jiù wánchéng le. Qǐng dào wǒjiā lái xiūxi yīhuǐ'er."

Tángsēng tóngyì le. Tāmen cóng píng shí shàng ná qǐ jīngshū, bǎ tāmen bāohǎo. Dànshì yǒu jǐ juǎn Fó Běn Híng Jīng háishì shī de, tāmen bùnéng bǎ zhèxiē jīngshū cóng shítou shàng wánquán ná xiàlái. Zhè jiùshì wèishénme jíshǐ zài jīntiān, Fó Běn Híng Jīng yěshì bùquán de, rúguǒ nǐ qù nàlǐ, jiù kěyǐ kàndào nàxiē shítou shàng de zì.

Tángsēng duì nàxiē bèi nòng huài de fójīng gǎndào hěn bù gāoxìng, dàn Sūn Wùkōng shuō, "Tiāndì bùquán. Jīngshū shì quán de, dàn xiànzài tāmen bèi sī huài le, suǒyǐ tāmen yě jiāng shì bùquán de. Zhè shì shénshèng de àomì."

魔鬼将再也不会来到这个地方

两个打鱼人看到了游人。当他们回到陈家村时，他们找到陈老人。告诉他，西游的师父们已经回来了。陈去见游人，说，"我的大人啊，你们有了圣经，你们的工作就完成了。请到我家来休息一会儿。"

唐僧同意了。他们从平石上拿起经书，把它们包好。但是有几卷佛本行经还是湿的，他们不能把这些经书从石头上完全拿下来。这就是为什么即使在今天，佛本行经也是不全的[37]，如果你去那里，就可以看到那些石头上的字。

唐僧对那些被弄坏的佛经感到很不高兴，但孙悟空说，"天地不全。经书是全的，但现在它们被撕坏了，所以它们也将是不全的。这是神圣[38]的奥秘。"

---

[37] Buddhacharita, the "Acts of the Buddha," is an epic poem on the life of Gautama Buddha written in Sanskrit by Asvaghosa of Saketa in the early second century AD. The poem was originally 28 cantos, but the final 14 cantos have been lost.

[38] 神圣　　　shénshèng – divine

Huí dào cūnlǐ, yìrén chuán shí rén, shí rén chuán bǎirén, bǎirén chuán qiān rén, zhídào cūnlǐ de měi gè rén dōu chūlái huānyíng yóurén. Yīnyuèjiā tánzòuzhe yīnyuè, rénmen shāozhe xiāng. Cūnmínmen ná lái chá hé sùshí, dàn Tángsēng yǐjīng méiyǒu le duì rénjiān shíwù de yùwàng. Sūn Wùkōng hé Shā chī dé hěn shǎo. Jiù lián Zhū yě zhǐ chī le yì wǎn mǐfàn.

"Bèn rén, nǐ yě bù chī shénme dōngxi le ma?" Sūn Wùkōng wèn dào.

"Wǒ bù zhīdào wèishénme," Zhū huídá shuō. "Wǒde dùzi hěn xūruò."

Cūnmínmen qǐng Tángsēng gěi tāmen jiǎng tā zài Líng Shān jiàn fózǔ de gùshì. Suǒyǐ Tángsēng bǎ zhěnggè gùshì dōu jiǎng gěi tāmen tīng. Ránhòu tā ná chū yì juàn jīngshū, niàn le qízhōng yíbùfèn fójīng. Xǔduō jiātíng dōu lái yāoqiú yóurén qù tāmen jiā chīfàn. Tāmen qù le xǔduō jiā, dàn zài měi gè jiālǐ zhǐ chī le jǐ kǒu. Zhū yáo le yáo tóu, shuō, "Zhè zhǐshì wǒde yùnqì bù hǎo. Zài wǒ è de shíhòu, méiyǒu rén gěi wǒ rènhé shíwù. Xiànzài wǒ bùxiǎng yào rènhé shíwù le, měi gè jiātíng dōu xīwàng wǒ hé tāmen yìqǐ chīfàn." Suǒyǐ tā shìzhe chī dōngxi, chī le èr, sānshí gè bāo

136

回到村里，一人传十人，十人传百人，百人传千人，直到村里的每个人都出来欢迎游人。音乐家弹奏着音乐，人们烧着香。村民们拿来茶和素食，但唐僧已经没有了对人间食物的欲望。孙悟空和沙吃得很少。就连猪也只吃了一碗米饭。

"笨人，你也不吃什么东西了吗？"孙悟空问道。

"我不知道为什么，"猪回答说。"我的肚子很虚弱。"

村民们请唐僧给他们讲他在灵山见佛祖的故事。所以唐僧把整个故事都讲给他们听。然后他拿出一卷经书，念了其中一部分佛经。许多家庭都来要求游人去他们家吃饭。他们去了许多家，但在每个家里只吃了几口。猪摇了摇头，说，"这只是我的运气不好。在我饿的时候，没有人给我任何食物。现在我不想要任何食物了，每个家庭都希望我和他们一起吃饭。"所以他试着吃东西，吃了二、三十个包

zi.

Yèlái le. Tángsēng jìng jìng de zuòzhe shǒuwèizhe jīngshū. Tā kàndào Sūn Wùkōng, duì tā shuō, "Wùkōng, nǐ zhīdào nà jù huà, 'Zhēnrén bú lòuliǎn, lòuliǎn bù zhēnrén.' Wǒ rènwéi wǒmen yīnggāi zǒu le."

"Shīfu, nǐ shì duì de," Sūn Wùkōng shuō. "Wǒmen jīn wǎn jiù zǒu ba." Tāmen qiāoqiāo de dǎhǎo xínglǐ. Zhèngmén bèi suǒ shàng le, dàn Sūn Wùkōng yòng tāde mófǎ, hěn róngyì de dǎkāi le suǒ. Tāmen kāishǐ xiàng dōng zǒu. Bādà Jīngāng dītóu kàn, kànjiàn le tāmen, bǎ tāmen dōu zhuā le qǐlái, dài xiàng dōngfāng.

子。

夜来了。唐僧静静地坐着守卫着经书。他看到孙悟空，对他说，"悟空，你知道那句话，'真人不露脸，露脸不真人。'我认为我们应该走了。"

"师父，你是对的，"孙悟空说。"我们今晚就走吧。"他们悄悄地打好行李。正门被锁上了，但孙悟空用他的魔法，很容易地打开了锁。他们开始向东走。八大金刚低头看，看见了他们，把他们都抓了起来，带向东方。

Dì 100 Zhāng

Jīngguò jǐ tiān de yún zhōng xíngzǒu, Bādà Jīngāng hé sì wèi yóurén zài yuǎn chù kàndào le Cháng'ān Chéng.

Xǔduō nián qián, zài Tángsēng kāishǐ tāde lǚtú de sān nián hòu zuǒyòu, Táng Tàizōng Huángdì mìnglìng jiàn yízuò tǎlóu. Zhè zuò tǎlóu shì wèi Cháng'ān rén jiàn de, zhèyàng tāmen jiù kěyǐ zài nàlǐ děng Táng héshang huílái. Tàizōng měinián yícì lái zhè zuò tǎlóu. Zhèng shì zhè yìtiān, Tàizōng lái dào tǎlóu, pá dào lóu dǐng, tā xiàng xī kàn qù. Tā kàndào le cǎiyún, wéndào le yízhèn xiāng fēng.

Bādà Jīngāng zài lí chéngshì jǐ lǐ de dìfāng tíng le xiàlái. Tāmen duì Tángsēng shuō, "Shèng sēng, wǒmen bìxū bǎ nǐ fàng zài zhèlǐ. Wǒmen bù xīwàng Cháng'ān rén kàndào wǒmen. Nǐ bìxū zìjǐ yígè rén qù, méiyǒu wǒmen, yě méiyǒu nǐde sān gè túdì. Wǒmen huì zài yún shàng děngzhe, kànzhe nǐ."

Sūn Wùkōng duì tāmen shuō, "Wǒ shīfu bù kěnéng názhe suǒyǒu de shèngjīng, qiānzhe mǎ qù chéng lǐ. Néng bùnéng ràng wǒmen dài tā qù chéng lǐ?"

"Bù kěyǐ. Guānyīn púsà yǐjīng gàosù Rúlái Fó, zhè cì lǚ

第 100 章

经过几天的云中行走，<u>八大金刚</u>和四位游人在远处看到了<u>长安城</u>。

许多年前，在<u>唐僧</u>开始他的旅途的三年后左右，<u>唐太宗皇帝</u>命令建一座塔楼。这座塔楼是为<u>长安</u>人建的，这样他们就可以在那里等<u>唐</u>和尚回来。<u>太宗</u>每年一次来这座塔楼。正是这一天，<u>太宗</u>来到塔楼，爬到楼顶，他向西看去。他看到了彩云，闻到了一阵香风。

<u>八大金刚</u>在离城市几里的地方停了下来。他们对<u>唐僧</u>说，"圣僧，我们必须把你放在这里。我们不希望<u>长安</u>人看到我们。你必须自己一个人去，没有我们，也没有你的三个徒弟。我们会在云上等着，看着你。"

<u>孙悟空</u>对他们说，"我师父不可能拿着所有的圣经、牵着马去城里。能不能让我们带他去城里？"

"不可以。<u>观音菩萨</u>已经告诉<u>如来佛</u>，这次旅

141

tú bìxū zài bā tiān wánchéng. Wǒmen yǐjīng yòng le sì tiān de shíjiān xiàng dōng zǒu. Rúguǒ wǒmen hé nǐ yìqǐ qù chéngshì, zhǐ pà zhū huì yánwù shíjiān, yīnwèi tā kěnéng huì yāoqiú zhùfú, chī tài duō shíwù. Wǒmen bùnéng tíng zài zhèlǐ le."

Zhū duì tāmen shuō, "Ò, bù. Wǒmen de shīfu chéng le fó, wǒ yě xiǎng chéng fó. Nǐmen zài zhèlǐ děngzhe. Wǒmen jiāng dài shīfu qù chéng lǐ. Ránhòu wǒmen huì hěn kuài huí dào nǐmen zhèlǐ." Sān gè túdì bù děng huídá, dàizhe yún xià le dì. Tāmen ná qǐ jīngshū hé xínglǐ, qiānzhe mǎ, hé Tángsēng yìqǐ xiàng chéng lǐ zǒu qù.

Tāmen lái dào le chéng mén. Tàizōng huángdì zài ménkǒu jiàn le yóurén. Tā shuō, "Yù dì, nǐ huílái le." Tángsēng guì dǎo zài dì, kòutóu. Tàizōng yòu shuō, "Zhè sān gè rén shì shuí?"

"Tāmen shì wǒde túdì. Tāmen hé wǒ yìqǐ qù le fózǔ de jiā."

Tàizōng tīngdào zhè huà hěn gāoxìng. Tā yāoqǐng Tángsēng gēn tā huí gōng. Shā qiānzhe mǎ. Sūn Wùkōng jǐn gēn zài hòu, zhuǎndòngzhe tāde jīn gū bàng, xiàozhe. Zhū bǎ xínglǐ bēi zài jiān shàng. Tāmen yìqǐ zǒuxiàng gōngdiàn.

途必须在八天完成。我们已经用了四天的时间向东走。如果我们和你一起去城市，只怕猪会延误时间，因为他可能会要求祝福、吃太多食物。我们不能停在这里了。"

猪对他们说，"哦，不。我们的师父成了佛，我也想成佛。你们在这里等着。我们将带师父去城里。然后我们会很快回到你们这里。"三个徒弟不等回答，带着云下了地。他们拿起经书和行李，牵着马，和唐僧一起向城里走去。

他们来到了城门。太宗皇帝在门口见了游人。他说，"御弟，你回来了。"唐僧跪倒在地，叩头。太宗又说，"这三个人是谁？"

"他们是我的徒弟。他们和我一起去了佛祖的家。"

太宗听到这话很高兴。他邀请唐僧跟他回宫。沙牵着马。孙悟空紧跟在后，转动着他的金箍棒，笑着。猪把行李背在肩上。他们一起走向宫殿。

Tāmen zǒuxiàng Tángsēng duōnián qián zhù de sìmiào.
Zài sìmiào lǐ, héshangmen kàndào jǐ kē dà sōngshù de
shùzhī dōu xiàngzhe dōngfāng. "Zhēn qíguài!" tāmen
shuō. "Méiyǒu fēng, dàn zhèxiē shù kàn qǐlái xiàng shì
bèi fēng chuī xiàng dōngfāng."

Yí wèi yǐqián shì Sānzàng túdì de sēngrén shuō, "Wǒmen
de shīfu huílái le!" Dāng qítā sēngrén bù dǒng tā shuō de
shì shénme shí, tā jìxù shuōdao, "Duōnián qián, wǒmen
de shīfu líkāi de shíhòu, tā shuō, dāng tā cóng xītiān
huílái shí, zhèxiē shù huì xiàngzhe dōngfāng. Wǒmen qù
kàn kàn tā ba." Sēngrénmen dōu kuài kuài de zǒuchū le
sìmiào. Tāmen kàndào huángdì hé Tángsēng xiàng
gōngdiàn zǒu qù. Tāmen bùgǎn zǒu jìn yùyòng de
mǎchē, suǒyǐ tāmen děng le yīhuǐ'er, ránhòu gēn zài
hòumiàn.

Tàizōng huángdì qǐng Tángsēng jìn bǎozuò fángjiān zuò.
"Gàosù zhèn," tā shuō, "yǒu duōshǎo jīngshū? Nǐ shì
zěnme bǎ tāmen qǔ lái de?"

"Nǐde chénmín qù le Líng Shān, jiàn dào le fózǔ, fózǔ
ràng tāde liǎng gè púrén bǎ jīngshū gěi wǒmen. Dàn
liǎng gè púrén gàosù wǒmen, tāmen xiān yào lǐwù.
Wǒmen méiyǒu rènhé dōngxi kěyǐ gěi tāmen. Tāmen gěi
le wǒmen yìxiē jīngshū. Dàn hòulái wǒmen yù

他们走向唐僧多年前住的寺庙。在寺庙里，和尚们看到几棵大松树的树枝都向着东方。"真奇怪！"他们说。"没有风，但这些树看起来像是被风吹向东方。"

一位以前是三藏徒弟的僧人说，"我们的师父回来了！"当其他僧人不懂他说的是什么时，他继续说道，"多年前，我们的师父离开的时候，他说，当他从西天回来时，这些树会向着东方。我们去看看他吧。"僧人们都快快地走出了寺庙。他们看到皇帝和唐僧向宫殿走去。他们不敢走近御用的马车，所以他们等了一会儿，然后跟在后面。

太宗皇帝请唐僧进宝座房间坐。"告诉朕，"他说，"有多少经书？你是怎么把它们取来的？"

"你的臣民去了灵山，见到了佛祖，佛祖让他的两个仆人把经书给我们。但两个仆人告诉我们，他们先要礼物。我们没有任何东西可以给他们。他们给了我们一些经书。但后来我们遇

dào le yì chǎng bàofēngyǔ. Bàofēngyǔ bǎ jīngshū chuī le mǎn dì. Wǒde túdìmen bǎ tāmen dōu ná le qǐlái, dàn fāxiàn jīngshū shàng méiyǒu zì. Suǒyǐ wǒmen yòu huí dào Léi Yīn Shān, qǐng fózǔ gěi wǒmen bùtóng de jīngshū. Tā yòu yícì gàosù tāde liǎng gè shìwèi gěi wǒmen jīngshū, tāmen yòu yào lǐwù. Zhè cì wǒ míngbai le, fózǔ xīwàng wǒmen gěi tāmen yìxiē dōngxi. Suǒyǐ wǒ gěi le tāmen yígè yàofàn de zǐjīn wǎn, nà shì nǐ duōnián qián gěi wǒ de. Zhè yícì, tāmen gěi le wǒmen yǒu zì jīngshū, zhèxiē jīngshū shì cóng sānshíwǔ bù jīngshū zhòng xuǎn chūlái de, měi bù lǐ dōu xuǎn le jǐ juǎn jīngshū. Yígòng yǒu 5,048 juǎn jīngshū."

"Tài hǎo le!" Tàizōng shuō. Ránhòu tā kànzhe zhàn zài fùjìn de sān gè túdì. "Nǐ zūnguì de túdì shì shuí, tāmen cóng nǎlǐ lái?"

Tángsēng huídá shuō, "Wǒ dà túdì de míngzì jiào Sūn Wùkōng. Tā láizì Àolái Guó Huāguǒ Shān shàng de Shuǐlián Dòng. Wǔbǎi nián qián, tā zài tiānshàng zhǎo le dà máfan, bèi fózǔ guān le qǐlái. Guānyīn pú

到了一场暴风雨。暴风雨把经书吹了满地。我的徒弟们把它们都拿了起来，但发现经书上没有字。所以我们又回到雷音山，请佛祖给我们不同的经书。他又一次告诉他的两个侍卫给我们经书，他们又要礼物。这次我明白了，佛祖希望我们给他们一些东西。所以我给了他们一个要饭的紫金碗，那是你多年前给我的。这一次，他们给了我们有字经书，这些经书是从三十五部经书中选出来的，每部里都选了几卷经书。一共有 5,048 卷经书[39]。"

"太好了！"太宗说。然后他看着站在附近的三个徒弟。"你尊贵的徒弟是谁，他们从哪里来？"

唐僧回答说，"我大徒弟的名字叫孙悟空。他来自奥莱国花果山上的水帘洞。五百年前，他在天上找了大麻烦，被佛祖关了起来。观音菩

---

[39] In the year 730 AD, the Kaiyuan Era Catalog (开元积教录, kāiyuán shìjiào lù) listed all the Chinese Buddhist scriptures known at that time. It named 1,076 works contained in 5,048 volumes or scrolls. Based on this, the entire body of Buddhist scriptures was customarily said to consist of 5,048 volumes.

sà bāngzhù tā chéngwéi le yì míng fójiàotú hé wǒde túdì.
Tā zài lǚtú zhōng bǎohù le wǒ. Wǒde èr túdì shì Zhū
Wùnéng. Tā yǐqián shì Gāo Cūn de yāoguài, hòulái bèi
Sūn Wùkōng xiángfú, ránhòu zhǎodào le fójiào. Tā zài
lǚtú zhōng dōu bēizhe wǒmen de xínglǐ, zài guò hé shí
fēicháng yǒuyòng. Wǒde sān túdì shì Shā Wùjìng. Tā
yǐqián shì Liú Shā Hé zhōng de yāoguài. Tā yě zhǎodào le
fójiào, duì wǒ bāngzhù hěn dà."

"Nà mǎ ne?"

"Nǐ duōnián qián sòng gěi wǒ de nà pǐ mǎ, bèi yígè hé lǐ
de yāoguài shā le chī le, nà yāoguài shì Xīhǎi Lóngwáng
de érzi. Nà yāoguài yě chéng le fójiàotú, biànchéng le yì
pǐ mǎ, hé tā chī diào de mǎ zhǎng dé yíyàng. Zhè jiùshì nǐ
xiànzài kàndào de mǎ. Tā zài wǒmen de lǚtú zhōng gěi le
hěn dà de bāngzhù."

"Nǐde lǚtú yǒu duō yuǎn?"

"Wǒ jìdé Guānyīn púsà shuō shì 36,000 lǐ, dàn wǒ bù
zhīdào zhè duìbúduì. Wǒmen zǒu le shísì gè dōngtiān hé
xiàtiān, zǒuguò le qiān qiān wàn wàn de hé hé shān, hái
hé xǔduō yāoguài hé móguǐ zhàndòu. Wǒ jiànguò
hěnduō guówáng. Túdìmen, gěi wǒmen de bìxià

萨帮助他成为了一名佛教徒和我的徒弟。他在旅途中保护了我。我的二徒弟是<u>猪悟能</u>。他以前是<u>高</u>村的妖怪，后来被<u>孙悟空</u>降伏，然后找到了佛教。他在旅途中都背着我们的行李，在过河时非常有用。我的三徒弟是<u>沙悟净</u>。他以前是<u>流沙</u>河中的妖怪。他也找到了佛教，对我帮助很大。"

"那马呢？"

"你多年前送给我的那匹马，被一个河里的妖怪杀了吃了，那妖怪是<u>西海龙王</u>的儿子。那妖怪也成了佛教徒，变成了一匹马，和他吃掉的马长得一样。这就是你现在看到的马。它在我们的旅途中给了很大的帮助。"

"你的旅途有多远？"

"我记得<u>观音</u>菩萨说是 36,000 里，但我不知道这对不对。我们走了十四个冬天和夏天，走过了千千万万的河和山，还和许多妖怪和魔鬼战斗。我见过很多国王。徒弟们，给我们的陛下

kàn kàn wǒmen de tōngguān wénshū."

Tàizōng kàn le tōngguān wénshū. Tā shàngmiàn yǒu láizì Bǎo Xiàng Wángguó, Wūjī Wángguó, Chē Chí Wángguó, Nǚ'ér guó, Jì Sài Wángguó, Zhū Zǐ Wángguó, Bǐqiū Wángguó, Shī Tuózi Wángguó hé Miè Fǎ Wángguó de yìnzhāng. Hái yǒu Fèng Xiān Jùn, Yù Huā Zhōu, Jīnpíng Fǔ de yìnzhāng. Kàn wán hòu, Tàizōng bǎ tā fàng le qǐlái.

Jiù zài zhè shí, yí wèi púrén gàosù huángdì, yànhuì yǐjīng zhǔnbèi hǎo le. Huángdì wèn Tángsēng, "Nǐ zūnguì de túdì zhīdào cháotíng de lǐyí ma?"

"Bìxià, wǒ dīxià de túdìmen yǐqián dōu shì yāoguài. Tāmen cónglái méiyǒu bèi jiāoguò Zhōngguó cháotíng de lǐyí."

Tàizōng xiàozhe shuō, "Méi wèntí, méi wèntí! Wǒmen yìqǐ qù chī ba!" Yóurénmen hé cháotíng lǐ de suǒyǒu guānyuán dōu zhàn zài zuǒyòu liǎngbiān, Tàizōng huángdì zuò zài zhōngjiān. Yǒu chànggē, tiàowǔ hé yīnyuè. Yànhuì bàn le yìtiān. Zhēnshi

Zhè chǎng yànhuì bǐ gǔ shíhòu guówáng de yànhuì hái yào dà

Zhēn jīng dài lái le jí dà de zhùfú

Zhège gùshì jiāng yǒngyuǎn bèi jiǎng bèi chuán

看看我们的通关文书。"

太宗看了通关文书。它上面有来自宝象王国、乌鸡王国、车迟王国、女儿国、祭赛王国、朱紫王国、比丘王国、狮驼子王国和灭法王国的印章。还有凤仙郡、玉花州、金平府的印章。看完后，太宗把它放了起来。

就在这时，一位仆人告诉皇帝，宴会已经准备好了。皇帝问唐僧，"你尊贵的徒弟知道朝廷的礼仪吗？"

"陛下，我低下的徒弟们以前都是妖怪。他们从来没有被教过中国朝廷的礼仪。"

太宗笑着说，"没问题，没问题！我们一起去吃吧！"游人们和朝廷里的所有官员都站在左右两边，太宗皇帝坐在中间。有唱歌、跳舞和音乐。宴会办了一天。真是

这场宴会比古时候国王的宴会还要大
真经带来了极大的祝福
这个故事将永远被讲被传

Fóguāng zhào liàng zhěnggè shǒudū

Yànhuì jiéshù hòu, Tàizōng qù le tā zhù de dìfāng.
Guānyuánmen dōu qù le tāmen zìjǐ de jiā. Tángsēng hé
túdìmen huí dào Tángsēng de sìmiào, zài nàlǐ tāmen
shòudào le qítā sēngrén de huānyíng. Sēngrénmen bǎ
xiàng dōng shēngzhǎng de sōngshù gàosù le Tángsēng.

Zhè yícì, Zhū méiyǒu jiàozhe yào chī yào hējiǔ, yě méiyǒu
zhǎo máfan. Sūn Wùkōng hé Shā yě yǒu hěnhǎo de
xíngwéi. Tāmen de lǚtú jiéshù le, tāmen méiyǒu rènhé
yuányīn yào qù zhǎo máfan. Yèwǎn lái shí, tāmen dōu
shàngchuáng shuìjiào le.

Dì èr tiān zǎoshàng, Tàizōng duì tāde guānyuán shuō,
"Zhèn zuówǎn yíyè dōu méiyǒu shuì. Zhèn yìzhí zài
xiǎngzhe zhèn de dìdi gàosù zhèn de nàxiē měihǎo
shìqing. Zhèn yǒu jǐ jù huà yào shuō. Zhèn xīwàng tāmen
néng shuō chū zhèn de gǎnjī xīnyì."

Ránhòu tā kāishǐ shuōhuà, guānyuánmen mǎshàng xiě
xià le tā jiǎng de suǒyǒu de huà. Tā jiǎng le hěnjiǔ.

佛光照亮整个首都

宴会结束后，太宗去了他住的地方。官员们都去了他们自己的家。唐僧和徒弟们回到唐僧的寺庙，在那里他们受到了其他僧人的欢迎。僧人们把向东生长的松树告诉了唐僧。

这一次，猪没有叫着要吃要喝酒，也没有找麻烦。孙悟空和沙也有很好的行为。他们的旅途结束了，他们没有任何原因要去找麻烦。夜晚来时，他们都上床睡觉了。

第二天早上，太宗对他的官员说，"朕昨晚一夜都没有睡。朕一直在想着朕的弟弟告诉朕的那些美好事情。朕有几句话要说。朕希望它们能说出朕的感激心意。"

然后他开始说话，官员们马上写下了他讲的所有的话。他讲了很久[40]。

---

[40] Taizong's proclamation is far too long and esoteric for us to include all of it this book. It's based on an actual document called the *Preface to the Holy Religion* (圣教序, shèng jiào xù) said to be composed by the

Tā tándào le yīn yáng, tiān dì, kàn bújiàn de lìliàng, hé shìjiè shàng de wànwù.

Tā shuō, yào dǒng fójiào de fófǎ shì duōme kùnnán, fójiào jiǎng kōng. Kōng quándōu shì àomì, yòu shēn yòu jìng yuǎn. Tā kòngzhì zhěnggè shìjiè. Tā bù shēng bù miè, yǒngyuǎn jiǔ cháng.

Tā tándào le wěidà de fózǔ hé tāde fójiào. Tā tándào rénmen zěnme bài fóxiàng, dàn bùliǎo jiě fóxiàng hòumiàn gēngshēn de zhēnxiàng. Tā tándào le fózǔ de jīngshū, Dà Chéng Fójiào hé Xiǎo Chéng Fójiào.

Tā tándào le Xuánzàng héshang, tā bǐ tiānshàng de lùshuǐ hé zuì hǎo de zhūbǎo hái yào míngliàng. Zhè wèi héshang chāoyuè liù gǎn, jiāng tāde xīn wánquán fàng zài fójiào de zhēnxiàng shàng. Tā xiàngwǎng qīngjìng de tǔdì, qiánwǎng xītiān. Tā miàn duì zǎochén de xuě hé wǎnshàng de shāchénbào,

actual Emperor Taizong in 648 AD in gratitude for Xuanzang's translation of one of the sutras.

他谈到了阴阳、天地、看不见的力量，和世界上的万物。

他说，要懂佛教的佛法是多么困难，佛教讲空。空全都是奥秘，又深又静远。它控制整个世界。它不生不灭，永远久长。

他谈到了伟大的佛祖和他的佛教。他談到人们怎么拜佛像，但不了解佛像后面更深的真相。他谈到了佛祖的经书、大乘佛教和小乘佛教[41]。

他谈到了玄奘和尚，他比天上的露水和最好的珠宝还要明亮。这位和尚超越[42]六感，将他的心完全放在佛教的真相上。他向往清净[43]的土地，前往西天。他面对早晨的雪和晚上的沙尘暴，

---

[41] The more conservative form of Buddhism is 小乘 (xiǎo chéng), called Theravada or the "Small Vehicle." It is a discipline for personal salvation by one who accumulates enough meritorious karma. The other main branch is 大乘 (dà chéng), Mahayana or the "Great Vehicle." It teaches that salvation is possible to all sentient beings because they possess the Buddha nature in them and hence all have the potential to become enlightened.

[42] 超(越)   chāo (yuè) – beyond

[43] 清净   qīngjìng – pure, clean

tā zǒuguò wàn zuò shān, zǒuguò wàn tiáo xī, tā tuī kāi yān, shuāng, yǔ hé xuě. Tā zǒu le shísì nián, yìzhí zǒu dào Yìndù de Líng Shān. Shēnrù dào fójiào de àomì zhōng, tā xué dào le zuì nán de yí kè.

Zuìhòu, tā tándào le shèngjīng. Tā shuō, dāng Zhōngguó rén néng yòng tāmen zìjǐ de huà niàn jīngshū shí, tāmen jiāng bǎ fójiào de zhēnxiàng chuán gěi quánguó suǒyǒu de rén. Fójiào jiāng jiù suǒyǒu rén, jiù xiàng shuǐ miè diào ránshāo fángzi de huǒ yíyàng. Fójiào jiāng dàizhe yóurén dào ānquán de yuǎn àn, jiù xiàng hēi shuǐ shàng de yí shù jīnguāng yíyàng. Tā shuō, yuàn zhèxiē jīngshū xiàng tàiyáng hé yuèliang yíyàng jiǔ cháng, jiāng tāmen de guāng chuán dào yǔzhòu zhōng!

Huángdì de guānyuánmen zǐxì de xiě xià le zhè yíqiè. Ránhòu Tángsēng bèi yāoqǐng jìn le bǎozuò fángjiān. Tā xiàng huángdì kòutóu. Ránhòu tā dú le huángdì de wénshū. Zàicì kòutóu, ránhòu shuō, "Bìxià de wénshū xiě dé fēicháng hǎo. Dànshì zhè fèn wénshū jiào shénme míngzì?"

Huángdì huídá shuō, "Zhèn zuówǎn cái xiǎngdào zhège. Zhèn jiào zhè wéi 'Shèng Jiào Xù.' Zhèyàng kěyǐ ma?" Tángsēng kòutóu, yíbiàn yòu yíbiàn de xiàng huángdì dàoxiè. Huángdì shuō, "hé nǐ cóng xīfāng

他走过万座山，走过万条溪，他推开烟、霜、雨和雪。他走了十四年，一直走到印度的灵山。深入到佛教的奥秘中，他学到了最难的一课。

最后，他谈到了圣经。他说，当中国人能用他们自己的话念经书时，他们将把佛教的真相传给全国所有的人。佛教将救所有人，就像水灭掉燃烧房子的火一样。佛教将带着游人到安全的远岸，就像黑水上的一束金光一样。他说，愿这些经书像太阳和月亮一样久长，将它们的光传到宇宙中！

皇帝的官员们仔细地写下了这一切。然后唐僧被邀请进了宝座房间。他向皇帝叩头。然后他读了皇帝的文书。再次叩头，然后说，"陛下的文书写得非常好。但是这份文书叫什么名字？"

皇帝回答说，"朕昨晚才想到这个。朕叫这为'圣教序。'这样可以吗？"唐僧叩头，一遍又一遍地向皇帝道谢。皇帝说，"和你从西方

dài lái de jīngshū bǐ, zhèn shuō de huà yìdiǎn dōu bù hǎo.
Zhè jiù xiàng bǎ mò dào zài jīnshū shàng, huòzhě bǎ
shítou rēng jìn zhēnzhū duī lǐ. Nǐ búyòng tài guānxīn tā,
nǐ bù yīng gāi gǎnxiè zhèn. Dìdi, gàosù zhèn, nǐ néng wèi
zhèn niàn yìdiǎn zhèxiē jīngshū ma?"

"Dāngrán, wǒ de zhǔ," Tángsēng huídá. "Dànshì wǒmen
bùnéng zài nǐde wánggōng lǐ zhèyàng zuò. Wǒmen bìxū
qù sìmiào."

Tángsēng wèn tāde guānyuán, nǎ zuò sìmiào zuì
qīngjìng. Tāmen huídá shuō, Yàn Tǎ Sì shì zuì qīngjìng de.
Tángsēng, tāde túdìmen hé huángdì háiyǒu huángdì
guānyuánmen yìqǐ zǒu dào Yàn Tǎ Sì. Tāmen zǒu qù de
lùshàng, Tángsēng duì Tàizōng shuō, "Wǒde zhǔ a, zài
jīngshū kāishǐ zài nǐde dìguó chuán kāi zhīqián, zuì hǎo
xiān bǎ zhèxiē jīngshū chāoxiě xiàlái." Tàizōng tóngyì le,
jǐ wèi guānyuán mǎshàng kāishǐ chāoxiě jīngshū.

Tāmen lái dào le Yàn Tǎ Sì. Tángsēng ná qǐ yì juàn
jīngshū. Tā gāng kāishǐ niàn, jiù lái le yízhèn fēng.
Zhòngrén tái qǐtóu, kàndào le Bādà Jīngāng. Bādà
Jīngāng hǎn dào, "Nǐ zhè niàn jīngshū de rén! Fàngxià
jīng shū, gēn wǒmen zǒu!" Tángsēng xiǎoxīn de bǎ jīng

带来的经书比，朕说的话一点都不好。这就像把墨倒在金书上，或者把石头扔进珍珠堆里。你不用太关心它，你不应该感谢朕。弟弟，告诉朕，你能为朕念一点这些经书吗？"

"当然，我的主，"唐僧回答。"但是我们不能在你的王宫里这样做。我们必须去寺庙。"

唐僧问他的官员，哪座寺庙最清净。他们回答说，雁塔寺是最清净的。唐僧、他的徒弟们和皇帝还有皇帝官员们一起走到雁塔寺。他们走去的路上，唐僧对太宗说，"我的主啊，在经书开始在你的帝国传开之前，最好先把这些经书抄写[44]下来。"太宗同意了，几位官员马上开始抄写经书。

他们来到了雁塔寺。唐僧拿起一卷经书。他刚开始念，就来了一阵风。众人抬起头，看到了八大金刚。八大金刚喊道，"你这念经书的人！放下经书，跟我们走！"唐僧小心地把经

---

[44] 抄(写)　　　chāo (xiě) – copy

159

shū fàngxià. Ránhòu, tā, tāde sān gè túdì hé lóngmǎ dōu shàng dào le kōngzhōng, hěn kuài jiù bèi dài dào le xībian.

Yǒuguān Tàizōng huángdì, wǒmen bú zài duō shuō le, zhǐ shuō tā mìnglìng zài Yàn Tǎ Sì lǐ jǔxíng yì chǎng Shuǐlù Dàhuì. Sìmiào de héshangmen bèi yāoqiú niàn jīngshū, zhèyàng bèi kùn zài dìyù lǐ de línghún cáinéng bèi fàng chūlái, zhèyàng de shànliáng xíngwéi huì chuán dào zhěnggè Táng dìguó.

Tóngshí, Bādà Jīngāng jiāng yóurén dài huí le Líng Shān. Tāmen duì Rúlái Fó shuō, "Wǒmen tīng le nǐde mìnglìng. Bǎ shèng sēng dài huí Tang Guó, zài nàlǐ tāmen sòngchū le jīng shū. Xiànzài wǒmen de gōngzuò yǐjīng wánchéng le."

Rúlái Fó diǎndiǎn tóu. Ránhòu tā ràng yóurén xiàng qián zǒu. Tā duì Tángsēng shuō, "Shèng sēng, zài nǐde qián yígè shēngmìng lǐ, nǐ shì wǒde túdì, Jīn Chán. Nǐ méiyǒu tīng wǒ shuō fófǎ, nǐ duì wǒ jiāo de fófǎ yě bù zūnjìng. Nǐ bèi sòng dào dōngfāng, guò le shí shēng. Cóng nà shí qǐ, nǐ cónglái méiyǒu wàngjì wǒ jiāo de fófǎ. Wǒ xiàn

书放下。然后，他、他的三个徒弟和龙马都上到了空中，很快就被带到了西边。

有关太宗皇帝，我们不再多说了，只说他命令在雁塔寺里举行一场水陆大会。寺庙的和尚们被要求念经书，这样被困在地狱里的灵魂才能被放出来，这样的善良行为会传到整个唐帝国。

同时，八大金刚将游人带回了灵山。他们对如来佛说，"我们听了你的命令。把圣僧带回唐国，在那里他们送出了经书。现在我们的工作已经完成了。"

如来佛点点头。然后他让游人向前走。他对唐僧说，"圣僧，在你的前一个生命里，你是我的徒弟，金蝉。你没有听我说佛法，你对我教的佛法也不尊敬。你被送到东方，过了十生。从那时起，你从来没有忘记我教的佛法。我现

zài gěi nǐ yígè Zhāntán Gōngdé Fó de gōngzuò.

"Sūn Wùkōng, nǐ zài tiānshàng zhǎo le dà máfan, wǒ zhǐ néng yòng qiángdà de lìliàng bǎ nǐ guān zài Wǔzhǐ Shān xià. Dànshì, nǐ yǐjīng guīshùn le fójiào, nǐ nǔlì xiángfú xié'è, bǎohù Táng héshang. Jiù yīnwèi zhè, wǒ xiànzài gěi nǐ yígè Dòu Zhànshèng Fó de gōngzuò.

"Zhū Bājiè, nǐ yǐqián shì Tiān Hé zhī shén, dàn zài jiérì lǐ hē zuì le, xiūrù le xiānnǚ. Jiù yīnwèi zhè, nǐ bèi sòng dào rénjiān, xiàng huāngyě lǐ de shòu yíyàng shēnghuó. Nǐ jiēshòu le wǒmen de zōngjiào, bǎohù le Táng héshang. Dàn nǐ réngrán zhǎo máfan, nǐ réngrán duì chī de, hē de, qián hé xìng yǒu yùwàng. Yīnwèi nǐ bāng Táng héshang bēi xínglǐ, wǒ gěi nǐ Jìng Tán Shǐzhě de gōngzuò."

"Shénme?" Zhū hǎn dào. "Tāmen dōu chéng fó le, wèishénme wǒ yào zuò yígè qīngjié gōng?"

Fózǔ xiàozhe huídá shuō, "Nǐ hái hěn è. Zài sì dàzhōu, suǒ

在给你一个<u>旃檀功德佛</u>[45]的工作。

"<u>孙悟空</u>，你在天上找了大麻烦，我只能用强大的力量把你关在<u>五指</u>山下。但是，你已经归顺了佛教，你努力降伏邪恶，保护<u>唐</u>和尚。就因为这，我现在给你一个<u>斗战胜</u>佛的工作。

"<u>猪八戒</u>，你以前是<u>天河</u>之神，但在节日里喝醉了，羞辱了仙女。就因为这，你被送到人间，像荒野里的兽一样生活。你接受了我们的宗教，保护了<u>唐</u>和尚。但你仍然找麻烦，你仍然对吃的、喝的、钱和性有欲望。因为你帮<u>唐</u>和尚背行李，我给你<u>净坛使者</u>的工作。"

"什么？"<u>猪</u>喊道。"他们都成佛了，为什么我要做一个清洁工[46]？"

佛祖笑着回答说，"你还很饿。在四大洲，所

---

[45] Sandalwood (旃檀, zhāntán) is a fragrant wood often used for carving statues of the Buddhas. It is said to have anti-demonic properties.

[46] 清洁工　　qīngjié gōng – janitor

yǒu bàifó de dìfāng, nǐ dōu yào qù dǎsǎo jìtán. Nà huì gěi nǐ hěnduō shíwù. Nà yǒu shénme bù hǎo de?"

Fózǔ jiēzhe shuō, "Shā Wùjìng, nǐ yǐqián shì Juǎn Lián Dàjiàng. Dànshì nǐ zài yígè jiérì lǐ dǎ huài le yígè guìzhòng de bēizi, bèi sòng dào le rénjiān. Nǐ shì yígè shēnghuó zài nàlǐ de chī rén yāoguài. Dànshì, nǐ yǐjīng jiēshòu le wǒmen de zōngjiào, nǐ bǎohù le Táng héshang. Wǒ xiànzài gěi nǐ Jīn Shēn Luóhàn de gōngzuò."

Fózǔ zhuǎnxiàng báimǎ shuō, "Nǐ yǐqián shì Xīhǎi Lóngwáng de érzi. Nǐ bù tīng nǐ fùqīn de mìnglìng. Yīnwèi zhège zuìxíng, nǐ yào bèi shā sǐ. Dànshì nǐ guīshùn le fófǎ, ránhòu nǐ dàizhe Táng héshang xīxíng. Jiù yīnwèi zhè, wǒ gěi nǐ yígè míngzì jiào Bā Bù Tiānlóng Mǎ." Yì míng shǒuwèi bǎ mǎ dài dào Huà Lóng Chí biān, jiāng tā tuī rù shuǐ zhōng. Jīn lín cóng tā de shēnshang zhǎng chū, yínsè de húxū zài tāde liǎn shàng chūxiàn. Zhè pǐ mǎ, xiànzài shì yìtiáo jīnlóng, cóng chí lǐ fēi chū, zài gāo gāo de tiānkōng zhōng, wéizhe sìmiào zhuǎnzhe

有拜佛的地方，你都要去打扫祭坛[47]。那会给你很多食物。那有什么不好的？"

佛祖接着说，"沙悟净，你以前是卷帘大将。但是你在一个节日里打坏了一个贵重的杯子，被送到了人间。你是一个生活在那里的吃人妖怪。但是，你已经接受了我们的宗教，你保护了唐和尚。我现在给你金身罗汉的工作。"

佛祖转向白马说，"你以前是西海龙王的儿子。你不听你父亲的命令。因为这个罪行，你要被杀死。但是你归顺了佛法，然后你带着唐和尚西行。就因为这，我给你一个名字叫八部天龙马[48]。"一名守卫把马带到化龙池边，将他推入水中。金鳞从他的身上长出，银色的胡须[49]在它的脸上出现。这匹马，现在是一条金龙，从池里飞出，在高高的天空中，围着寺庙转着

---

47 祭坛　　　jìtán – altar
48 The Eight Legions of Heavenly Dragons, also called the Eight Classes of Supernatural Beings, is a group of Buddhist deities whose function is to protect the Dharma.
49 胡须　　　húxū – beard

quān.

Sūn Wùkōng duì Tángsēng shuō, "Shīfu, xiànzài wǒ hé nǐ yíyàng shì fó, nà wǒ hái dàizhe tóu dài shì búduì de. Nǐ bú huì xiǎng yào tōngguò niàn jǐn tóu dài yǔ lái chéngfá fó ba? Qǐng bǎ tóu dài cóng wǒde tóu shàng ná xiàlái."

Tángsēng huídá shuō, "Nǐ xiànzài shì fó le, tóu dài jiù búJiàn le. Nǐ zìjǐ kàn kàn." Sūn Wùkōng bǎshǒu fàng zài tóu shàng, fāxiàn tóu dài búJiàn le.

Zhè wǔ wèi yóurén qù le tāmen yīnggāi zài de dìfāng. Suǒyǒu lái tīng fózǔ shuōhuà de shén dōu líkāi le, huí dào le tāmen yīnggāi zài de dìfāng.

Kàn sìzhōu. Nǐ kàndào le shénme?

Cǎi wù hé yún wéizhe Líng Shān

Jīnlóng jìng jìng de tǎngzhe, yù hǔ dōu hěn ānjìng

Hēi tù zìyóu de lái lái qù qù

Guī hé shé zìyóu de zhuàn zhe quān

Hóng lǜ fènghuáng zài sēnlín lǐ wán

Hēi húsūn hé bái lù shūshì de xiǎngshòuzhe

圈。

孙悟空对唐僧说，"师父，现在我和你一样是佛，那我还戴着头带是不对的。你不会想要通过念紧头带语来惩罚佛吧？请把头带从我的头上拿下来。"

唐僧回答说，"你现在是佛了，头带就不见了。你自己看看。"孙悟空把手放在头上，发现头带不见了。

这五位游人去了他们应该在的地方。所有来听佛祖说话的神都离开了，回到了他们应该在的地方。

看四周。你看到了什么？

    彩雾和云围着灵山
    金龙静静地躺着，玉虎都很安静
    黑兔自由地来来去去
    龟和蛇自由地转着圈
    红绿凤凰在森林里玩
    黑猢狲和白鹿舒适地享受着

Huā kāi le, sìjì dōu yǒu guǒshí shēngzhǎng

Gāodà de sōngshù, gǔ bóshù, lán lǜ guì, xì zhú

Bùtóng yánsè de lǐzi, chéngshú hé méi chéngshú de táozi

Qiān zhǒng yánsè de huā

Tāmen dōu shuāngshǒu hé zài yìqǐ, shuō,

Wǒ guīshùn Fó

Wǒ guīshùn Guòqù Xiànzài Wèilái Fó

Wǒ guīshùn Qīngjìng Xǐ Fó

Wǒ guīshùn Mílè Fó

Wǒ guīshùn Ēmítuó Fó

Wǒ guīshùn Lóng Zūnwáng Fó

Wǒ guīshùn Shuǐ Tiān Fó

Wǒ guīshùn Bǎo Chuáng Wáng Fó

Wǒ guīshùn Cí Lì Wáng Fó

Wǒ guīshùn Jīnhuá Guāng Fó

Wǒ guīshùn Rì Yuè Guāng Fó

Wǒ guīshùn Zhìhuì Shèng Fó

Wǒ guīshùn Zhāntán Gōngdé Fó

Wǒ guīshùn Dòu Zhànshèng Fó

花开了，四季都有果实生长

高大的松树，古柏树、蓝绿桧、细竹

不同颜色的李子、成熟和没成熟的桃子

千种颜色的花

他们都双手合在一起，说，

我归顺佛

我归顺过去现在未来佛

我归顺清净喜佛

我归顺弥勒佛

我归顺阿弥陀佛

我归顺龙尊王佛

我归顺水天佛

我归顺宝幢王佛

我归顺慈力王佛

我归顺金华光佛

我归顺日月光佛

我归顺智慧胜佛

我归顺旃檀功德佛

我归顺斗战胜佛

Wǒ guīshùn Guānyīn Púsà

Wǒ guīshùn Qīngjìng Dàhǎi Zhòng Púsà

Wǒ guīshùn Xī Tiānjí Lè Zhū Púsà

Wǒ guīshùn Sānqiān Jiē Dì Dà Púsà

Wǒ guīshùn Wǔbǎi Ā Luó Dà Púsà

Wǒ guīshùn Jìng Tán Shǐzhě Púsà

Wǒ guīshùn Bā Bù Tiānlóng Guǎng Lì Púsà

Wǒ guīshùn shí fāng Sān Jiè de yíqiè fó

Wǒ guīshùn suǒyǒu de púsà, Mó Hē Sà hé Dà Zhìhuì
Zhě

Wǒ jiāng qù Fózǔ De Jìng Dì

Wǒ jiāng bàodá sì shàn

Wǒ jiāng jiù nàxiē zài rénshēng de sāntiáo dàoshàng
shòudào tòngkǔ de rén

Duì suǒyǒu kàndào hé tīng dào de rén

我归顺观音菩萨

我归顺清净大海众菩萨

我归顺西天极乐诸菩萨

我归顺三千揭谛大菩萨

我归顺五百阿罗大菩萨

我归顺净坛使者菩萨

我归顺八部天龙广力菩萨

我归顺十方三界的一切佛

我归顺所有的菩萨、摩诃萨[50]和大智慧者

我将去佛祖的净地

我将报答四善

我将救那些在人生的三条道[51]上受到痛苦的

人

对所有看到和听到的人

---

[50] a Mahasattva (摩诃萨) is a great bodhisattva who has practiced Buddhism for a long time and reached a very high level on the path to awakening.

[51] The three paths are earthly desires, karma, and suffering. They are called "paths" because one leads to the other.

Nǐde xīn huì zhǎodào zhēn zhìhuì

Yuàn nǐ zài kuàilè zhī dì zàishēng

Hé wǒmen yìqǐ zhù zài tiāntáng zhōng

Xīyóujì dào zhèlǐ jiéshù.

你的心会找到真智慧

愿你在快乐之地再生

和我们一起住在天堂中

西游记到这里结束。

The Last Trial

Chapter 96

My dear child, the world is not as it appears! Think deeply
about this:

> In the beginning, form had no form
> And emptiness was not really empty
> Sound and not-sound, talking and not-talking are all the
> same
> Why speak of dreams from within a dream?

> The useful, when used, is useless
> The powerless gives power to power
> When fruit ripens it turns red on its own
> Don't ask the seed how it grows

Last night I told you how Tangseng and his three disciples
defeated three rhino demons and then saved the princess who
was imprisoned in Gold Spreading Monastery. After they saved
the princess, they continued their journey to the west. It was
now early summer. The weather was sunny, plums were
ripening after the rain, the whole world seemed bright. Every
day the four travelers ate breakfast at dawn, walked all day, and
found a place to sleep at sunset.

They had no trouble for two weeks. Then they came to
another city. Tangseng asked his senior disciple Sun Wukong,
"What sort of place is this?"

Sun Wukong replied, "I don't know, I have passed this way
before, but I was always high up in the clouds. I did not see
anything."

They continued walking. Tangseng saw two old men sitting by
the side of the road. They were talking about this and that.

"Disciples," said the monk, "wait here and don't cause any trouble. I am going to talk with these two men." Then he went up to the men, put his hands together, and said, "Gentlemen, this poor monk greets you!"

The men looked up at him. One of them said, "What do you have to say to us, sir?"

"I have come from far away to worship to Lord Buddha. Can you tell me what this place is called, and where I might beg a bit of food?"

"You have come to the city of Bronze Tower. If you want food there is no need to beg. Go down this street. You will see a gate tower that looks like a sitting tiger. That is the home of Squire Kou. You'll see a sign saying, 'Ten Thousand Monks Welcome.' There you can get all the food you want."

Tangseng thanked them. He returned to the three disciples and told them what the old man had said. Sha Wujing, the junior disciple, said, "We are now in the land of Buddha, that's why they are happy to give food to monks. Let's go and eat."

They walked down the street, pushing through crowds of people. "Don't cause trouble, don't cause trouble!" said Tangseng to his troublemaking disciples. After a short walk they arrived at the home of Squire Kou. They saw the sign saying, 'Ten Thousand Monks Welcome.'

The second disciple, the pig-man Zhu Bajie, started to walk right into the building. But Sun Wukong told him to wait and see if someone would come out to meet them. They waited outside the building. A little while later a servant came out. When he saw the four travelers he quickly ran back inside. "Master!" he said, "four strange looking monks are standing outside."

Squire Kou had been walking around the courtyard, reciting

the name of the Buddha. When he heard this, he went outside to welcome his guests. He was not frightened at all. "Come in, come in!" he said.

The four travelers followed Squire Kou into the house. Kou showed them the various rooms of the house, including the Buddha hall. Tangseng put on his cassock to worship the Buddha and entered the hall. What did he see?

> Clouds of incense and bright candles
> Bundles of silk and flowers
> A golden bell hangs from a red frame
> A drum rests on a wooden stand
> A thousand Buddha statues are covered in gold
> There are bronze vases, carved boxes and glass bowls
> Lamps burn brightly, bells ring long and slow
> This is a treasure house more beautiful than a temple

Squire Kou washed his hands, kowtowed and worshipped. Then he led the travelers to the library. They saw too many scriptures to count. Several tables were covered with paper, ink and brushes.

Squire Kou asked Tangseng who he was. "I have been sent by the emperor of Tang," the monk replied, "to find the Lord Buddha in your country and ask for scriptures. I have heard that in your home you honor monks, so we beg for a bit of food. Then we will be on our way."

The squire smiled and said, "My name is Kou Hong. I have foolishly lived for sixty four years. When I was forty years old I vowed to feed ten thousand monks. Having nothing else to do, I have counted them all, and so far I have fed 9,996 monks. Today heaven has sent you four to me. I hope you will stay with me for a month and help me celebrate this. Then I will send you on horses and sedan chairs to Spirit Mountain. It is only eight hundred *li* from here." Tangseng agreed to this at once.

Several servants went into the kitchen to prepare a meal of rice, noodles and vegetables. The squire's wife saw the servants working. She asked why they were preparing a meal. One of them replied, "Four monks have arrived. One is handsome but the other three are quite ugly. They told our master that they were sent by the great Tang emperor to worship Buddha at Spirit Mountain. Our master thinks they have come from heaven. He asked us to prepare a vegetarian meal."

"You know nothing," smiled the wife. "When you see someone who is ugly, strange or unusual, they must have come down from heaven. Now go and tell your master that I am coming to see the visitors."

The servants ran to tell Squire Kou and the four visitors. A few minutes later the wife came into the room. She looked carefully at Tangseng, then she looked at the three disciples. She believed that they had indeed come down from heaven, but she was a bit nervous when she kowtowed to them.

Tangseng bowed back to her and said, "Lady, I do not deserve this honor."

Just then, another servant came in and said, "The two young masters have arrived." Two young men entered the room, saw the visitors, and bowed low to them.

Kou said, "These are my two sons. They are named Kou Liang and Kou Dong. They have just come back from school and have not had lunch yet. They heard that you were here, and came to bow to you."

"What fine sons!" said Tangseng. "Truly, the success of your sons and grandsons depends on how they study at school."

"Where have these lords come from?" one of the sons asked his father.

"From far away," he replied. "The Tang Emperor himself has sent them."

"We have read that there are four continents in the world. We are in the western continent, and you come from the southern continent. How long have you been traveling?"

"A very long time," replied Tangseng. "Over the last fourteen winters and summers we have met many demons and monsters, and suffered a great deal. I owe much to my three disciples."

Just then, the banquet was ready. Squire Kou and the four travelers sat down to eat, while Kou's wife and the young men went back into the house. There was vegetable soup, rice, steamed bread, and many kinds of fruit. Servants ran around serving the food while four or five cooks worked in the kitchen. Many bowls of food disappeared into Zhu's mouth like clouds blown away by the wind. Everyone ate until they were full.

When they were finished, Tangseng thanked Squire Kou. The travelers prepared to leave. But Kou said, "Teacher, why don't you stay here for a few days and relax? As the ancients say, 'It is easy to start a journey but hard to end one.' Please stay until I have celebrated the completion of my vow to feed ten thousand monks."

They stayed for about a week. At the end of the week, twenty four local Buddhist monks came and performed a ceremony.

> There were banners hung in the halls
> Rows and rows of candles and burning incense
> Music from drums, gongs and flutes
> The sound of monks reciting the sutras

Everyone bowed low to the Buddha statues
Lamps were lit
The Water Ceremony was performed
The Garland Sutra was recited
Everywhere monks are the same!

After the ceremony, Tangseng thanked his host and prepared to leave. Kou looked at him and said, "Teacher, you really want to leave. I think we must have treated you badly while we were busy preparing for the ceremony."

Tangseng replied, "Sir, we have put you to a great deal of trouble, we cannot ever repay you. But when I left my home, my Emperor asked me how long I would be traveling. Foolishly I told him three years. It has already been fourteen years. I don't know if we will ever get the scriptures, and I don't know how long it will take to return to Tang. How can I fail to obey my Emperor's command? Please let us go. Next time we are here, I will be able to stay much longer."

Zhu heard this and became angry. He said, "Master, you don't care about us at all. This old man is very rich, and he wants us to stay. What harm is there in staying here for a year or more? Why leave all this good food just so we can go out and beg from strangers?"

Tangseng shouted at him, "All you care about is food, you coolie! You care nothing about learning how to become a better person. Truly, you are a beast who only cares about filling his belly. If you want to stay here that's fine, I will go the rest of the way alone."

Hearing this and seeing his master's anger, Sun Wukong hit Zhu on the head and said, "You idiot, you've made Master angry now."

Kou heard this. Smiling, he said to Tangseng, "Don't be so

angry, teacher. You have only been here for two weeks. Please relax for the rest of the day. Tomorrow we will help you leave."

Kou's wife said that she had a little bit of money and would be happy to use it to pay for the monks to stay for another two weeks. The two sons also offered to feed the monks for another two weeks.

"Please," said Tangseng, "I dare not stay any longer. If I do not leave now, my Emperor will surely kill me for disobeying his orders."

Again, Zhu asked his master to stay longer. Again, Tangseng shouted at him. Sun Wukong laughed at something that Zhu said, causing Tangseng to threaten to recite the tight headband spell.

Squire Kou listened to all the arguing for a while, then he spoke. "Please don't argue, teachers. You can leave tomorrow." He invited a hundred of his friends and neighbors to come the next day to say goodbye to the monks. And he told his servants to prepare another great banquet. He had twenty large colored flags made. He hired a group of musicians, and brought in several Buddhist and Daoist monks to say prayers.

The servants worked all night to prepare the banquet and make the colored flags. The monks and musicians traveled all night to get to Kou's house by morning. Early the next morning, Tangseng and his disciples got up and prepared to leave. Zhu was unhappy but he packed up the luggage. Sha saddled the horse. Sun Wukong picked up his master's staff and gave it to him, then he hung their travel rescript around his own neck. They were all ready to leave.

Squire Kou came and invited them to a large sitting room

where the banquet was set out. This banquet was even larger than the one they had eaten the day before.

"Brothers," said Zhu, "relax and eat as much as you can. There won't be any more food like this after we leave here."

"Don't fill your belly too full," replied Sun Wukong. "We have to walk after we leave here."

It was almost noon by the time Tangseng raised his chopsticks and said a sutra to begin the meal. They all ate, but Zhu quickly ate six bowls of rice. Then he stuffed a lot of food into his sleeves, no matter if the food was good or bad.

As they were leaving the house, the Buddhist and Daoist monks arrived. Squire Kou said to them, "Gentlemen, you are too late. Our teacher is in a hurry to leave so I cannot feed you." Then the four travelers, surrounded by a crowd of Kou's friends and relatives, began walking west. The air was filled with the music of drums, gongs and flutes. Colorful flags fluttered in the wind.

They all walked together for three or four miles. They came to a pavilion where food and drink were set out. They all raised cups and toasted each other.

Squire Kou tried not to cry and he said, "Teacher, please visit us when you return from Spirit Mountain."

Tangseng replied, "If I reach Spirit Mountain and see the Lord Buddha, the first thing I will do is praise you. And we will certainly visit you when we return." They continued walking to the west, and eventually Kou and his friends turned back, leaving the four travelers to continue on their own.

They walked another forty or fifty *li*. By now it was getting dark. "It's late," said Tangseng. "Where will we stay tonight?"

Zhu was still unhappy. He said, "You are the one who wanted

to leave good food and a warm bed, to go walking again. It's very late now. What if it starts to rain?"

"Evil beast," said Tangseng. "If heaven lets us visit the Lord Buddha, fetch the true scriptures and bring them back to the Tang Emperor, I will let you eat in the royal kitchens for years and years. Then you will become so fat that you will burst. That will teach you to be a hungry demon." Zhu smiled to himself but did not say another word.

Sun Wukong saw some buildings by the side of the road. He said, "Let's rest over there!"

Tangseng walked over to one of the buildings. He saw a sign, old and covered with dust. It said, "Bright Light Travel Palace." He said to the others, "The Bodhisattva Bright Light was a disciple of the Buddha of Flames and Five Lights. He was punished for killing the Demon King of Poison Fire. There must be a shrine here."

They all went in together. The place was in ruins. The walls had fallen down, and vegetation covered everything. They would have left, but outside it had started to rain. So they stayed the night, just sitting or standing in the dark.

Chapter 97

While the four travelers were resting in the Bright Light Travel Palace, a group of bandits was sitting and talking in Bronze Tower City. These bandits came from good families, but they all had spent their money on drinking and gambling. Now they needed money. So they decided to get together and steal from the richest families in Bronze Tower City.

One of the bandits said, "There is no need to think too much about this. We all know that the richest man in the city is Squire Kou. Tonight it is raining, so nobody will be out in the streets. Let's steal his money. Then we can go gambling and have fun with the girls!"

The other bandits agreed. So they went out in the rain towards Mr. Kou's house. They carried knives, swords, staffs, ropes and torches. They threw open the gates to Squire Kou's house. All the people in the house ran away. The bandits ran through the house, holding torches and looking for treasure. They grabbed all the gold, silver, jewels and fine clothes that they could hold.

Squire Kou could not stand to see this. He ran back into the house and cried, "Please, great kings, take as much treasure as you want. Just leave me a few clothes to be buried in!" But the bandits kicked him to the ground. His three souls drifted back to the underworld and his seven spirits slowly left the human world.

When the bandits left, the rest of the family came back into the house. They saw Squire Kou lying dead on the floor. They all started crying and said, "Oh Heavens, our master has been killed!"

Mrs. Kou felt that Tangseng and his three disciples were responsible for this disaster. She said to her sons, "Your father fed ten thousand monks. Who would have thought that the last four would come back to his home and kill him?"

"Mother," said the brothers, "how do you know that they did this?"

"I was hiding under the bed. I saw the Tang monk holding the torches, Zhu Bajie was holding a knife, Sha Wujing took the gold and silver, and that evil monkey killed your father."

"If you saw this, mother, then you must be correct. They were here for two weeks and knew the house very well. They must have desired our treasure and came back in the dark and rain to take it. How evil! In the morning we will report this to the prefect."

Now the prefect of Bronze Tower City was a good man. As a boy he had studied by the light of the snow and taken the examinations to become a government official. His mind was filled with kindness. His name will be remembered for a thousand years.

The next day, Kou Liang and Kou Dong went to see the prefect. They said, "Your Honor, we have come to tell you of some bandits and murderers."

The prefect replied, "I heard that your family just completed your vow of feeding ten thousand monks. How could this have happened?"“

"Your Honor, our father fed monks for twenty four years. The last four monks were with us for two weeks. They learned everything about our house and our treasures. They left yesterday morning, and last night they returned with weapons. They stole our treasures and killed our father. We beg you to help us avenge our father's death!" The prefect agreed, and sent a hundred and fifty men west to capture the Tang monk and his disciples.

After killing Squire Kou, the bandits traveled west. They passed by Bright Light Travel Palace where Tangseng and his disciples were staying. The bandits stopped on the side of the road a few miles west of Bright Light Travel Palace and divided up the treasures. While they were doing this, Tangseng and his disciples came upon them on the road.

"Look," said one of the bandits, "aren't these the monks that left Kou's house yesterday?"

"Oh good!" said the other bandits. "These monks spent a long time at Kou's house. I bet they have a lot of his gold and silver. Let's take their treasure and their white horse." They stood in the middle of the road, waving their weapons and shouting, "Stay where you are, monks. Give us your gold and silver and your horse. If you say even half a 'no' we will kill you without mercy."

Sun Wukong smiled and said to the others, "Don't be frightened. I'll go and ask them a few questions." He walked up to the bandits, put his hands together in front of his chest, and asked, "What are you gentlemen doing?"

"Don't you care if you live or die?" they shouted at him. "Hand over your treasures right now!"

"Oh great kings, I am only a poor monk from the countryside. I do not know what to say, please don't be angry. You can have all of our money, that's no problem. But let the other three go. The man on the horse is my master. All he can do is recite sutras, he's forgotten all about wealth and sex. The black-faced one is a simple man who just takes care of the horse. And the one with the big ears is a coolie, he just carries stuff. Please let them go. I will get you the money."

"Well, you seem like a monk who speaks the truth. All right. Tell the other three to leave everything here. They can go." Sun Wukong turned and gave them a look. Tangseng, Zhu and Sha walked west on the road a little ways. Sun Wukong bent down to pick up one of the bundles of luggage. He grabbed a bit of dust from the road, said some magic words, and threw the dust into the air. He shouted, "Stop," and all the bandits found that they could not move at all.

Sun Wukong waved his hand at Tangseng. The monk turned his horse around and returned to Sun Wukong. He said, "Wukong, why have you called us back?"

"Please get off your horse and sit down, Master. Listen to what these bandits have to say. Brother Zhu, tie up the bandits so

186

we can hear their story."

"Sorry, I don't have any rope," said Zhu. Sun Wukong pulled some hairs from his head, blew on them with magic breath, and turned them into thirty lengths of rope. The disciples tied up all thirty of the bandits. Then Sun Wukong said some words to end the magic.

"Little thieves," said Sun Wukong, "how many years have you been robbing people? How many have you killed? Tell us everything."

"Please, your lordships," said the robbers. "We are all from good families. We threw away our families' wealth on gambling, drinking, and women. We needed money. We knew that Squire Kou was the wealthiest man in the city, so last night we entered his house and took his gold, silver, jewelry and clothing. Then we escaped to this place so we could divide up the treasure. We saw your heavy luggage and thought that you also had some treasure. But we did not know you had such divine powers! Please spare our lives. You can take all the treasure."

"Wukong," said Tangseng, "how did Squire Kou bring this disaster upon himself?"

Sun Wukong replied, "Master, it was because Kou wanted to show off his wealth with the flags, the drummers, the monks, the feasts, and all the rest."

Tangseng replied, "We owe the Kou family a huge debt of gratitude for their kindness. We should return this treasure to them." So the three disciples packed up all the treasure. Sun Wukong wanted to kill all the bandits but he was afraid that Tangseng would be angry with him. So he released the bandits. They ran away into the forest.

The four travelers turned back to Bronze Tower City to return the treasure. But the poem says,

> Kindness is rarely rewarded
> Often goodness is exchanged for hatred
> Save someone from drowning and you may fail
> Think twice before you act, you won't suffer

They were walking eastwards on the road when they were met with a large group of soldiers carrying spears and swords. The leader said, "You are a fine bunch of monks. First you rob a house, then you show off your stolen treasure." They dragged Tangseng from his horse and tied him up. Then they tied up the three disciples to long bamboo poles and carried them back to the city, two soldiers carrying each pole.

Tangseng was shaking, crying, and speechless. Zhu was unhappy and complaining. Sha was talking but secretly feeling a bit nervous. Sun Wukong laughed to himself, getting ready to use his powers.

The soldiers took them to the prefect's court. The prefect thanked the soldiers and told them to return the treasure to the Kou family. Then he said to Tangseng, "You say that you are poor monks traveling to the western heaven to worship the Buddha. But I think you are bandits."

Tangseng said, "Your Honor, we are not bandits. We can show you our travel rescript so you can see where we have traveled. We encountered the bandits on the road and took the treasure from them so we could return it to the Kou family. I beg you to study this matter more closely."

"If you really met those robbers, why didn't you capture them?"

Tangseng had no answer for this. The prefect told the soldiers to put a head-clamp on Tangseng. But Sun Wukong said, "Please, Your Majesty, don't squeeze that monk's head. I was the one who lit the torches, carried the sword, stole the treasure, and killed Squire Kou." The soldiers put the head-clamp on Sun Wukong's head and made it tight. It did not hurt him at all, no matter how tight they made the clamp.

Just then, someone came in to report that the Lord Guardian Chen had arrived. The prefect went to meet his boss. As he was leaving, he told the soldiers to put the four travelers in prison and beat them for a while. The soldiers dragged the four travelers into the prison, then they started beating them.

"What can we do?" cried Tangseng.

"These soldiers just want some money," replied Sun Wukong.

"But we have no money!"

"Clothes will do. Give them the cassock."

Tangseng was very unhappy about the thought of losing his beautiful cassock, but he just said softly, "Do what you must, Wukong."

"Gentlemen," called Sun Wukong to the soldiers, "you don't need to beat us anymore. In that bundle over there is a beautiful cassock that is worth a fortune. Take it, it's yours." The soldiers looked in the bundle. In the bottom, covered by oiled paper, was something glowing brightly. They took it out and looked at it. The cassock was covered with shining pearls, with embroidered dragons and flying phoenixes around the edges. They looked at the cassock with wide eyes.

"What's going on?" said the head soldier, coming over to look.

"Sir, the prefect told us to put these four in prison and beat them for a while. They gave us this cassock. We don't know what to do with it. It would not be right for just one of us to have it. But if we rip it into pieces it will be ruined. What should we do?"

189

The head soldier looked at the cassock. Then he saw the travel rescript and looked at it carefully. He said to the soldiers, "You fools, these monks are not bandits. Do not touch their luggage. I will tell the prefect about this tomorrow."

The soldiers left the prison, and the four travelers lay down to get some rest. Around the fourth watch, Sun Wukong thought, "Master needed to have this hardship, that's why I said nothing to the prefect. But his suffering is almost finished. I'd better get us out of here." So he shook himself and turned into a tiny fly. He flew out of the prison and through the night, towards the gates of the Kou house.

Across the street was the home of a husband and wife. They were both tofu-makers. The husband said to her, "Wife, I went to school with old man Kou. In those days he owned a little bit of farmland but he was too kind to the farmers and sometimes forgot to collect their rent. When he was twenty years old he married the daughter of a man named Zhang, her name was Zhang Wang, and she certainly brought prosperity to her husband. Everything he did was successful and he made a lot of money. When he turned forty he began to feed the monks. And now he's dead at only age sixty four. How sad!"

Sun Wukong listened to this. Then he flew across the street to the Kou house. A coffin was in the main room. Around the coffin were incense, candles and fruit. Mrs. Kou and her two sons were there, crying. Sun Wukong landed on the head of the coffin and coughed. The people were terrified. The mother banged the head of the coffin with her fist and said, "Have you come back to life, old man?"

Sun Wukong used Squire Kou's voice and said, "King Yama brought me back to talk to you. Zhang, you have been telling lies!"

Mrs. Kou, whose childhood surname was Zhang, fell to her knees and cried, "What lies have I been telling?"

"Didn't you say, 'I saw the Tang monk holding the torches, Zhu Bajie was holding a knife, Sha Wujing took the gold and silver, and that evil monkey killed your father'? Your lies have caused those good men a great deal of trouble. They met the bandits on the road and took back your treasure to return it to you. But you made up some lies. Now these good men are in prison. The local god and the city god were so angry that they went to King Yama. King Yama sent me here to say this to you. Get these men freed from jail as soon as possible. If you don't do as I say, nobody in this house, not even the dogs and chickens, will be spared from my anger!"

The sons kowtowed and begged, saying, "Please go back, Father, and don't harm us. We will get those monks freed from jail. We only want peace for the living and the dead."

"Burn paper money," said Sun Wukong. "I am leaving now." But Sun Wukong did not go back to the jail yet. He flew to the house of the prefect. It was now early morning. He saw that the prefect was out of bed and praying to a picture of his uncle. Sun Wukong landed on the picture and coughed. The prefect jumped and said, "Uncle, I pray to you every day. Why do you speak to me today?"

"Nephew, you have always been a good and honest man. But how could you be so stupid yesterday? You took four holy monks and threw them in prison without listening to their story. The local god and the city god are quite angry with you. They reported this to King Yama, and he told me to talk to you. You must find out the truth and release these monks. If you don't, you will join me soon in the underworld. Now burn some paper money, I am leaving."

Leaving the kowtowing prefect, Sun Wukong had one more stop to make. He went to the city courtroom. It was now morning, and the court officials were gathered there. He changed into a huge man. Standing in the middle of the courtroom, he said, "Listen to me, you officials. I am Wandering Spirit, sent by the Jade Emperor. He says that four holy monks have been thrown in jail and beaten for no reason. Release them at once. If you don't, I will kill you all and destroy your entire city." The officials all fell to their knees and kowtowed.

Sun Wukong left the courthouse, changed back into a fly, and flew back to the jail. He changed back into his original form and went to sleep.

Later that morning, the prefect began his work in the courtroom. Immediately the two Kou sons rushed in and begged the prefect to release the four monks, saying, "Your Honor, last night our father's spirit appeared to us and told us that the four monks did not take the treasure or kill our father. He said that if the four monks are not released from prison, everyone in our house will be killed!"

The prefect thought to himself, "It is not unusual for a new ghost to appear to the living. But my uncle has been dead for over five years. He appeared to me this morning. It looks like I did make a mistake yesterday."

Then a group of officials rushed in and said, "Your Honor, the Jade Emperor sent the Wandering Spirit to tell us to release those four monks from prison immediately. If you don't, he will destroy our city!"

Of course, the prefect ordered the four monks to be released from prison and brought to the courtroom. The prefect said he was sorry about the mistake. Sun Wukong became angry. He said, "Give us back our white horse and all our luggage right now. Now tell us, what is the punishment for throwing innocent people into prison?"

The prefect was terrified. He had the horse and luggage returned to the monks. And he said that it was Mrs. Kou who was responsible for this mistake. Tangseng said to Sun Wukong, "Let's go to the Kou house and find out the truth."

So Tangseng, the three disciples, the prefect, and all the court officials walked to the Kou house. There they saw Mrs. Kou, kneeling and weeping at her husband's coffin.

"Stop yelling, you lying old woman," shouted Sun Wukong. "You tried to get an innocent man killed. Wait until I call your husband back from the underworld. We'll see what he has to say!" And with that, he jumped into the sky and went straight to the underworld. Seeing this, the prefect and the court officials fell to their knees.

The Ten Kings of the Underworld came out to meet Sun Wukong. The monkey said, "Where is the ghost of Kou Hong who used to feed monks in Bronze Tower City?"

"Kou Hong is a good man," said the Ten Kings. "We did not have to drag him here, he came on his own. He is now with Bodhisattva King Ksitigarbha." Sun Wukong went to the palace of King Ksitigarbha and asked to see Kou.

King Ksitigarbha said, "Kou Hong's life has been completed, that's why he came here. I have given him a job here in my palace, writing down good deeds in my book. But since you have come here for him I will give him twelve more years of life. He can leave with you."

Kou came out to see Sun Wukong. The monkey blew a magic breath that changed Kou to vapor. Then Sun Wukong put the vapor in his sleeve and used his cloud somersault to return to the Kou house in the human world. He pushed the vapor into the coffin. A moment later, Squire Kou sat up in the coffin. He climbed out, kowtowed to Tangseng and the three disciples. Then he said, "Thank you, thank you! I was wrongly killed and sent to the underworld, but you brought me back to life!" Then he looked around the room and saw the crowd of people. "Why are these lords in my house?" he asked.

The prefect answered, "Your sons said that these holy monks killed you. Later, we learned that the monks had met the real bandits on the road, taken your treasures from them, and were bringing the treasure back to your house. Last night a spirit appeared to me, and the Wandering Spirit came to the county offices. They all said that I should release the monks, so that's what I have done."

Squire Kou said, "Sir, on the night of my death thirty bandits came to my house with torches and weapons. I tried to talk with them but they kicked me to death. These four monks did nothing wrong." Then turning to his wife, he said, "Why did you lie about who killed me?"

The wife had no answer for this. However, the prefect was a kind man. He decided not to punish Squire Kou's family. Everyone kowtowed to the prefect. Then Squire Kou held another banquet to thank the prefect and the monks, but the prefect left the house before the banquet began.

The next day, Squire Kou again put up the sign saying, "Ten Thousand Monks Welcome." He again asked Tangseng to stay for a while, but of course Tangseng refused. After the banquet was over, the monk and disciples set out again on the road. Truly,

> Many people do evil in the wide world
> Although heaven is high, it protects good people

The four travelers walk towards the Buddha
Certain that they will reach the gate of Spirit Mountain

Chapter 98

The travelers were now getting quite near to Spirit Mountain. This was indeed the land of the Buddha. Everyone that they met was kind and offered to feed the traveling monks. They saw other travelers reciting Buddhist sutras.

They walked for six or seven days. Then they saw a group of buildings a hundred feet high. There were beautiful palaces and gardens. Lovely flowers grew everywhere, and colorful birds flew through the sky. Tangseng pointed and said, "Wukong, this is a fine place!"

Sun Wukong laughed and said, "Master, we have seen many places with false Buddhas, and you have kowtowed to those places. Now we have reached the home of the true Buddha but you won't even get off your horse. Why is that?" As soon as he said this, Tangseng jumped down from his horse and walked towards the main gate.

A young Daoist stood in front of the gate. He wore a silk robe and held a small statue of a jade elk in his hand. His face was quite handsome. He said, "Are you the monk from the East who seeks holy scriptures?"

Tangseng looked at the young man but did not recognize him. But Sun Wukong did. He said, "Master, this is the Great Immortal of the Golden Head. He lives here at the base of Spirit Mountain." Then Tangseng bowed to the young man.

"So, you are finally here!" said the young man. "The Bodhisattva Guanyin told me more than ten years ago that you would be coming within two or three years. I have waited for you for many years."

Tangseng put his hands together and said, "I am very grateful for your kindness, Great Immortal, very grateful!"

The four travelers entered the Daoist temple, carrying the baggage and leading the horse. They had a vegetarian meal. Then some Daoist boys heated scented water for the travelers to bathe in. When night came they slept in the temple.

The next morning, Tangseng put on his fine silk cassock and his hat. Holding his monk's staff in his hand, he climbed the steps of the main hall. The Great Immortal smiled and said, "Yesterday you were dirty and in rags. Today you are dressed like a true son of Buddha! Now let me show you the way."

Sun Wukong said, "There is no need. Old Monkey knows the way."

"No, you have always traveled through the clouds. The Tang monk cannot do that yet. He must walk on the road." The Great Immortal led Tangseng out the back gate. They stepped outside. He pointed to Spirit Mountain and said, "Holy monk, do you see those lights in the sky? That is Spirit Mountain, the land of the Holy Buddha." Tangseng saw it and bowed low.

Sun Wukong said, "Master, we still have a long way to walk. If you continue to stop and hit your head on the ground, we will never get there."

The Great Immortal waved goodbye to them. Sun Wukong led them slowly up Spirit Mountain. They walked for a couple of miles. They came to a great river three miles wide.

"Wukong," said Tangseng with a worried voice, "we have come the wrong way. This river is too wide and the waves are too large. How will we cross it?"

Sun Wukong pointed and said, "Look, there's a bridge." They looked and saw a sign, "Cloud Touching Bridge." Next to the sign was a single tree trunk that went all the way across the river. The trunk was very narrow and slippery. There were no handrails.

"Wukong," said Tangseng, "no one can cross that bridge."

"It's easy!" Sun Wukong replied. He jumped up onto the tree trunk and ran across the river. Then he called out, "Come over, come over!" But Tangseng, Zhu and Sha refused to climb up onto the tree trunk. Sun Wukong ran back and grabbed Zhu, saying, "Come with me, you idiot." But Zhu lay down on the ground and refused to move. The two of them started to fight and pull at each other.

After a while, Tangseng called out, "Look, a ferry boat is coming." Sun Wukong looked with his diamond eyes. He saw that the ferryman was The Royal Buddha of Brightness. "Come over here!" he called. The ferryman brought the boat to the shore. Looking into the boat, Tangseng saw that the boat had no bottom. He could see nothing in the boat but the river water.

"How can this boat carry anyone?" cried Tangseng.

"Ah," said the boatman,

> "My boat has been famous since the chaos first parted
> I have used it with no changes at all
> It is steady in wind and steady in waves
> It is peaceful with no beginning or end
> Untouched by dust it can return to the One
> It moves calmly through all kinds of trouble
> A bottomless boat cannot cross the ocean
> But it can ferry anyone across this river!"

Tangseng was afraid to climb into the bottomless boat, but Sun Wukong grabbed him and pushed him into the boat. The monk fell into the water. The boatman reached down, grabbed him, and put him back in the boat. Zhu and Sha followed, leading the horse and carrying the luggage.

The Buddha pushed the boat away from the shore. They saw a dead body floating by. Tangseng was frightened. But Sun Wukong said, "Don't be frightened, Master. That is you."

Zhu and Sha started clapping their hands and sang, "It's you, it's you" over and over. Soon the boatman joined in the song. They continued singing until the boat reached the far shore. Then Tangseng jumped lightly out of the boat. Truly,

> Throwing aside their flesh and bone
> The spirit finds friendship and love
> Their work finished, they become Buddhas this day
> Six six kinds of dust are washed away

When they looked back, the bottomless boat was gone. Tangseng thanked the three disciples for helping him to reach this place. "We have helped each other," replied Sun Wukong. "You showed us how to achieve the right fruit, and we protected you and helped you to leave behind your human body."

They continued walking up Spirit Mountain. After a while they arrived at Thunderclap Monastery. Its roofs were high enough to reach the heavens, its roots went deep into the mountain. In the east and west were palaces full of flowers, in the north and south were many pavilions and tall buildings. In the center, colored light and purple flames streamed from the main hall.

They walked to the main gate of the monastery. People smiled and waved at them from both sides of the path. Four guardians met them at the gate, asking, "Has the sage monk arrived?"

Tangseng bowed low and replied, "Your disciple Xuanzang has arrived."

"Please wait here," they said. They sent a report to the four guardians of the middle gate, and they sent a report to the four guardians of the inner gate. Those guardians reported to Tathagata Buddha that the Tang monk had arrived.

The Lord Buddha was pleased. He called together eight Bodhisattvas, five hundred teachers, three thousand protectors, eleven stars and eighteen temple guardians, and told them to form two rows. Then Tangseng was called to enter the inner hall. He entered the inner hall, accompanied by the three disciples. Zhu Bajie carried the baggage while Sha Wujing led the horse.

They prostrated themselves on the floor and kowtowed to the Buddha and the others to their left and right. Then Tangseng handed his travel rescript to the Buddha. The Buddha read it and returned it to Tangseng.

Tangseng said, "Your disciple has made the long journey to your treasure monastery at the command of the great Tang Emperor, to beg you to give scriptures to save all living beings."

The Buddha opened his holy mouth and spoke these words, "Your land is large and has many people. But there is too much greed, killing, lying and anger. People do not honor my teachings. They do terrible things to each other. They have brought upon themselves the suffering of hell. Many will be reborn as beasts, to pay their debts by being made into food for people. Confucius gave them wisdom teachings, many kings and emperors have made good laws, but still the people are fools and criminals."

He continued, "I have three baskets of scriptures that can save these people. One basket speaks of heaven, one basket speaks of earth, and one basket speaks of ghosts in the underworld.

All together there are thirty five volumes in 15,144 scrolls. These scriptures are the path to immortality. I would like to give them all to you. But unfortunately, the people of your region are too stupid to understand these teachings."

Then he called out, "Ananda and Kasyapa take these four to the room under the treasure tower. Give them a vegetarian meal. Then select a few scrolls from each of the thirty five volumes so that these travelers can bring them back to the East with our blessings."

Ananda and Kasyapa led the four travelers to the room under the treasure tower. Immortal foods and drinks were given to them. As Zhu and Sha ate the immortal food, their bodies were given new flesh and bones.

Then Ananda and Kasyapa led them to the treasure pavilion. When the doors were opened, a thousand colors of light shone from the room where scriptures rested on shelves. Each scripture had a red label where the name of the scripture was carefully written.

Ananda and Kasyapa said to Tangseng, "Great monk, what small gifts do you have for us? Show us, then we will be happy to give you the scriptures that you want."

Tangseng replied, "I'm sorry, we have come a great distance and faced many difficulties. We don't have any gifts for you."

Then Sun Wukong said to Tangseng, "Master, this is not right. Let's go tell Tathagata about this. He should come here and give us the scriptures himself."

"Shut up," said Ananda. "Where do you think you are? Don't act like this. Come here and get the scriptures." Sun Wukong was very angry, but Zhu and Sha stopped him from saying or doing anything more. Ananda and Kasyapa started handing the scrolls to the disciples. Some were put on the horse's back, then the rest were packed into bundles, to be carried by Zhu and Sha. Then everyone returned to the Buddha's throne, kowtowed to him again, and headed back down the mountain.

While the scrolls were being given to Tangseng and the disciples, the ancient Buddha called Dipamkara was watching and listening. Dipamkara knew that the scrolls given by Ananda and Kasyapa had no words written on them. He smiled and said to himself, "Those stupid monks did not know what they were getting." Then he called to one of the arhats, "Go quickly to the Tang monk. Tell him what happened. Then take the wordless scrolls from him and tell him to come back to get the true scriptures." The arhat flew away so fast that waves flowed backwards in the rivers and seas, and trees were broken in the forests.

The arhat flew to Tangseng and the disciples. He reached down his hand and grabbed the scrolls. Then he ripped them into little pieces, dropped them on the ground, and flew away. Tangseng fell to his knees and picked up some pieces, crying and saying, "Disciples, even in this holy land, there are demons who want to cheat us."

But Sha looked at some of the pieces. They were as white as snow. "Master," he said, "there is nothing written on these scrolls." Tangseng, Sun Wukong and Zhu picked up more pieces and saw that there was no writing on them.

Tangseng said, "What are we to do now? If I return to Tang with empty hands, the Emperor will kill me."

Sun Wukong said, "Master, I think Ananda and Kasyapa gave us these scrolls because we did not have any gifts for them. This is extortion. Let's go back and tell Tathagata." Tangseng agreed, and the four of them hurried back up the mountain to Thunderclap Monastery.

They entered the main hall. Sun Wukong shouted at Tathagata Buddha, "Sir, we have traveled for thousands of miles and fought many demons and monsters to come here. You instructed Ananda and Kasyapa to give us scriptures, but the scrolls that they gave us had no words. What good are those? I beg you, punish those two and give us good scrolls."

Tathagata Buddha smiled and said, "I know that those scrolls had no words on them. They were true wordless scriptures, but you people from the East are so stupid that you cannot use them. So we will have to give you scrolls that have words on them. Ananda and Kasyapa, fetch a few scrolls that have words on them."

Once more, Ananda and Kasyapa led the four travelers to the scripture room. "What do you have for us this time?" they asked. Tangseng handed over his begging bowl of purple gold, the one given to him by the Tang Emperor. Ananda accepted the bowl without saying a word. Kasyapa picked up 5,048 scrolls and handed them all to Tangseng.

"Disciples," said the monk, "look carefully at each scroll!" They looked at each scroll and saw that each one had words written on it. The travelers packed up the scrolls. Then they returned to the main Buddha hall. Tathagata asked Ananda and Kasyapa how many scrolls were given to the Tang monk. Ananda told him the names and numbers of each scroll.

The Buddha nodded and said, "These scriptures have power beyond your understanding. They are the root of the Three Religions. When you bring them back to your region, let nobody touch them unless they have bathed and fasted first. Then they will find the key to immortality and timeless wisdom."

Tangseng prostrated himself three times and thanked the

Buddha. Then he and his three disciples left Thunderclap Monastery.

After they left, Bodhisattva Guanyin walked up to the Buddha. She put her hands together and said to him, "Lord, it has been fourteen years since the Tang monk started his journey. That is 5,040 days If you let him return to the East in eight days, that will be a perfect number."

Tathagata agreed. He said to the Eight Guardians, "Use your magic powers to carry the Tang monk quickly back to the East. As soon as he has given the scriptures to his emperor, bring him back here. Do all this within eight days." The Eight Guardians flew to catch up with Tangseng and the disciples. They picked up all four of them, plus the horse and baggage and scriptures, and carried them off through the clouds.

Chapter 99

While the Eight Guardians were carrying Tangseng and the disciples back to the East, several of the heavenly beings were talking with the Bodhisattva Guanyin. She said to them, "Tell me about the Tang Monk's journey."

They replied, "Your disciples have watched him carefully. He has suffered greatly through his many trials. There have been eighty trials so far. They are:

1. As Golden Cicada, he was sent out of the Buddha's home
2. He was almost killed as a newborn baby [9]
3. He was thrown in the river as a one month-old baby [9]
4. He searched for his parents and vengeance for his father's death [9]
5. He fell into a pit and was captured by three demon kings [13]

6. His two companions were cooked and eaten by the demons [13]
7. He was attacked by a tiger and saved by Liu Boqin [13]
8. He was attacked by bandits on the road near Mountain of Two Frontiers [14]
9. He lost his horse to a dragon at Eagle Grief Stream [15]
10. He was nearly burned to death by a fire set by monks at Guanyin Hall [16]
11. His cassock was stolen by a black bear demon [16]
12. He defeated Zhu Bajie and made him a disciple [19]
13. He was kidnapped by a demon at Yellow Wind Ridge [20]
14. His disciple Sun Wukong was blinded, but healed by an old man [21]
15. He crossed Flowing Sands River guarded by a sand demon [22]
16. He defeated Sha Wujing and made him a disciple [22]
17. His Zen mind is tested by a mother and her three beautiful daughters [23]
18. He refused to eat magic ginseng fruit because they looked like babies [24]
19. He was nearly boiled in oil by Great Immortal Zhenyuan [26]
20. He sent away Sun Wukong for killing monsters [27]
21. He was captured in the forest by the Yellow Robed Monster [28]
22. He was forced to send a letter to the king of Precious Image Kingdom [29]
23. He was changed into a tiger in by a tiger demon [30]
24. He was captured by Great Kings Silver Horn and Golden Horn [33]
25. He was hung from the rafters in a cave [33]

26. In a dream he met the drowned king of Black Rooster Kingdom [37]
27. He met a demon who looks exactly like him [39]
28. He found the demon Red Boy tied to a tree in the forest [40]
29. He was carried off by the wind sent by Red Boy [40]
30. He saw Sun Wukong nearly killed by Red Boy's magic fire [41]
31. He was nearly eaten by Red Boy and the Bull Demon King [42]
32. He was dragged underwater and nearly eaten by an crocodile demon [43]
33. He saw Buddhists suffer at Slow Cart Kingdom [44]
34. He entered a meditation contest against a Daoist demon [46]
35. He entered a guessing game against a Daoist demon [46]
36. He met a demon king who eats two children every year [47]
37. He fell through the ice into the River of Heaven [48]
38. He saw Guanyin change a demon into a goldfish [49]
39. He was captured by a buffalo demon [50]
40. He saw Prince Nata fail to defeat the buffalo demon [51]
41. He asked Laozi to defeat the buffalo demon [52]
42. He became pregnant in the Kingdom of Women [53]
43. He is almost married to the Queen of the Kingdom of Women [54]
44. He suffered at the cave of a beautiful scorpion demon [55]
45. He sent away Sun Wukong for killing too many bandits [56]
46. He was beaten up by a six eared macaque who looks like Sun Wukong [57]
47. His path was blocked by the Mountain of Flames [59]

48. He sought the palm-leaf fan [60]
49. He saw his disciples battle the Bull Demon King [61]
50. He swept the pagoda at Sacrifice Kingdom [62]
51. He recovered treasure to save the monks [63]
52. He was lost in the woods and chanted poetry with three tree spirits [64]
53. He met a false Buddha at Little Thunderclap Monastery [65]
54. He saw celestial warriors imprisoned by King Yellow Brow [66]
55. His way was blocked by a giant snake at Slimy Shit Mountain Pass [67]
56. He let Sun Wukong try to cure the sick king of Scarlet-Purple Kingdom [68]
57. He sees Sun Wukong heal the king of Scarlet-Purple Kingdom [69]
58. He sees Sun Wukong fight a monster to save a queen [71]
59. He is tied up and almost eaten by seven beautiful spider demons [72]
60. He saw Sun Wukong wounded by Demon King Hundred Eyes [73]
61. His path was blocked by Great Peng and his brothers [74]
62. He was captured by demons serving Great Peng [76]
63. He was put in a steamer by Great Peng and his brothers [77]
64. He needed to ask the Buddha for help subduing demons [77]
65. He saved the children in cages at Bhiksu Kingdom [78]
66. His heart is almost eaten by a Daoist at Bhiksu Kingdom [79]
67. He found a female demon tied to a tree in a forest [80]

68. He fell sick in a monastery [81]
69. He was imprisoned by a demon in Bottomless Cave [83]
70. He had to hide in a wooden box in Dharma-Destroying Kingdom [84]
71. He was captured by demons serving the Great King of South Mountain [85]
72. He brought rain at Phoenix-Immortal Prefecture [87]
73. He lost weapons at Phoenix-Immortal Prefecture [88]
74. He was captured by the Nine Headed Lion [89]
75. He saw Sun Wukong fight the Celestial Worthy's guards [90]
76. He was captured by three false Buddhas at the Lantern Festival [91]
77. He saw Sun Wukong fight three rhino demons [92]
78. He was hit by an embroidered ball thrown by a demon princess in India [93]
79. He was jailed because of bandits killing Squire Kou [97]
80. He gave up his mortal body at Spirit Mountain [98]

Altogether, the Tang monk has journeyed one hundred and eight thousand miles and suffered eighty trials."

Guanyin said, "In the school of Buddhism, nine times nine is the path to perfection. The Tang monk needs one more trial to reach the sacred number 81. Go now. Find the Eight Guardians and tell them that one more trial is needed."

One of the heavenly beings immediately flew above the clouds to meet up with the Eight Guardians. He whispered in their ears. The Eight Guardians dropped Tangseng, his three disciples, the horse and the luggage on to the ground.

Tangseng picked himself up off the ground and looked around. "Where are we, Wukong?"

Sun Wukong said, "Master, we are on the west bank of the

River of Heaven."

"Yes, I remember. The Chen Family Village is on the east bank. They wanted to build a boat to take us across the river, but a great turtle came and carried us across. What do we do now?"

"This is no problem," said Sha. "Master now has an immortal body, he can just fly across the river with us."

Sun Wukong laughed and said, "No, my brother. That won't work." This wasn't true. But the monkey knew that Tangseng had only endured eighty trials, and needed one more to reach the sacred number of nine times nine.

As they were talking, they heard a voice calling, "Tang Monk, Tang Monk! Come here!" They looked and saw a great turtle. This was the same turtle that had carried them across the river several years earlier. The turtle said, "Master, I have waited for you for many years."

Tangseng replied, "Old turtle, you helped us once, and today we meet again. Will you help us again?"

The turtle walked slowly up onto the river bank. The four travelers climbed on its back, with Sha leading the horse and Zhu carrying the baggage. Then the turtle walked into the water and started swimming swiftly across the river. They traveled east for nearly a day. When they saw the eastern riverbank approaching, the turtle said to Tangseng, "Great master, you remember that the last time we met, I begged you to speak to Tathagata Buddha, to ask him how I can lose my original form and be reborn in human form."

Tangseng's entire heart and mind was set on worshipping the Buddha, and he had completely forgotten about his promise to the turtle. He could not lie, but he did not want to say the truth, so he just stood on the turtle's back and said nothing.

After a few moments the turtle understood that Tangseng had forgotten his promise. Without a word he shook his body. All the travelers and the horse fell off the turtle's back and into the cold water.

If this had happened before Tangseng's visit to Spirit Mountain, his mortal body would have sunk to the bottom of the river. But now, his immortal body did not sink. Sun Wukong grabbed him and swam to the eastern river bank, along with Zhu, Sha and the horse. Everything was soaked with water, including the bundles of sacred scrolls.

No sooner had they climbed out of the river than the sky turned dark. Thunder crashed, lightning crossed the sky like golden snakes, the wind blew, and heavy rain started to fall. Demons surrounded them trying to grab the sacred scrolls. Tangseng, Zhu and Sha held the scrolls tightly, while Sun Wukong swung his golden hoop rod to keep the demons away. He fought the demons all night until the sun came up in the morning.

"What was that all about?" Tangseng asked Sun Wukong.

The monkey king replied, "Master, you don't understand. When the Buddha gave us these sacred scrolls, we were robbing heaven and earth of their power. That is why the demons and gods attacked us last night. They wanted to take the scriptures away from us so we could not give them to the people. They were stopped by your dharma body which could not be harmed, and of course by my golden hoop rod. Now it is morning. This is the time when *yang* is stronger than *yin*, so they cannot attack us."

The others thanked Sun Wukong for fighting off the demons. They all set out the scrolls on some flat rocks in the sun to dry. Truly,

The pure yang body faces the light
Invisible demons cannot continue to fight
When water is strong, the true scriptures will win
Unafraid of thunder, lightning, rain or wind
The travelers will now awaken to the truth
They will reach the land of the immortals
These rocks will remain forever
Never again will demons come to this place

Two fishermen saw the travelers. When they returned to Chen Family Village they found old man Chen. They told Chen that the teachers who traveled to the west had returned. Chen went to see them and said, "My lords, now that you have the holy scriptures, your work is done. Please come to my house and rest for a while."

Tangseng agreed. They picked up the scrolls off the flat rocks and packed them away. But several rolls of the Buddhacarita Kavya Sutra were still wet and they could not pull the scrolls away from the rocks. That is why even today, the Buddhacarita Kavya Sutra is not complete, and you can see the writing on those rocks if you go there.

Tangseng was unhappy about the damage to the sutra, but Sun Wukong said, "Heaven and earth are incomplete. The scriptures were complete, but now they are torn, so they will also be incomplete. This is divine mystery."

Back at the village, one person told ten, ten told a hundred, a hundred told a thousand, until everyone in the village came out to welcome the travelers. Musicians played and incense was burned. The villagers brought out tea and vegetarian food, but Tangseng had lost all desire for mortal food. Sun Wukong and Sha ate very little. Even Zhu only ate a bowl of rice.

"Idiot, aren't you eating any more food?" asked Sun Wukong.

"I don't know why," replied Zhu. "My stomach is weak."

The villagers asked Tangseng to tell them the story of his visit to the Buddha at Spirit Mountain. So Tangseng told them the whole story. Then he took out one of the scrolls and read one of the sutras. Many families came and asked the travelers to come to their homes to eat. They visited many homes but only ate a few bites at each home. Zhu shook his head and said, "This is just my bad luck. When I was hungry, nobody had any food for me. Now I don't want any food and every family wants me to eat with them." He tried to eat and finished off twenty or thirty steamed buns.

Night came. Tangseng sat quietly guarding the scrolls. He saw Sun Wukong and said to him, "Wukong, you know the saying, 'The wise one does not show his face; the one who shows his face is not wise.' I think we should go."

"You are right, Master," said Sun Wukong. "Let's leave tonight." Quietly they all packed up their luggage. The main gate was locked, but Sun Wukong used his magic and easily opened the locks. They started walking east. The Eight Guardians looked down, saw them, picked them all up and carried them towards the east.

Chapter 100

After several days of traveling through the clouds, the Eight Guardians and the four travelers saw in the distance the city of Chang'an.

Many years earlier, about three years after Tangseng began his journey, the Tang emperor Taizong commanded that a tower be built. This tower was for the people of Chang'an so they could watch for the return of the Tang monk. Once every year Taizong visited the tower. This very day when Taizong visited the tower and climbed to the top, he looked to the west. He saw colored clouds and smelled a fragrant wind.

The Eight Guardians stopped a few miles away from the city. They said to Tangseng, "Holy monk, we must leave you here. We do not want the people of Chang'an to see us. You must go alone, without us and without your three disciples. We will wait here in the clouds and watch you."

Sun Wukong said to them, "My master could not possibly carry all the holy scriptures and lead the horse all the way to the city. May we please take him to the city?"

"No. Bodhisattva Guanyin has already told Tathagata Buddha that this journey must be completed in just eight days. We have already spent four days traveling east. If we go with you to the city, the pig will delay us while he asks for blessings and eats too much food. We cannot stay here any longer."

Zhu said to them, "Oh, no. Our master has become a Buddha, and I want to be one too. You wait here. We will take our master to the city. Then we will quickly return to you." And without waiting for an answer, the three disciples brought their cloud down to the ground. They picked up the scriptures and baggage. Leading the horse they walked with Tangseng towards the city.

They arrived at the city gates. Emperor Taizong met the travelers at the gate. He said, "Imperial younger brother, you are back." Tangseng fell to his knees and kowtowed. Taizong continued, "Who are these three?"

"They are my disciples. They have traveled with me to the home of the Buddha."

Taizong was pleased when he heard this. He invited Tangseng to follow him back to the palace. Sha led the horse. Sun Wukong followed just behind him, twirling his golden hoop rod and smiling. Zhu carried the luggage on his shoulder. Together they walked towards the palace.

They walked towards the monastery where Tangseng had lived many years before. In the monastery the monks saw that the branches of several large pine trees were leaning towards the east. "How strange!" they said. "There is no wind, but the trees look like the wind is blowing them towards the east."

One of them, a monk who used to be a disciple of Sanzang, said, "Our master has returned!" When the other monks did not understand him, he continued, "When our master left many years ago, he said that these trees would lean towards the east when he returned from the western heaven. Let's go see him." The monks all hurried out of the monastery. They saw the emperor and Tangseng walking towards the palace. They dared not approach the royal carriage, so they waited a bit and then followed behind them.

Emperor Taizong invited Tangseng to enter the throne hall and sit down. "Tell us," he said, "how many scriptures are there? And how did you fetch them?"

"When your subject reached Spirit Mountain and saw the Lord Buddha, the Buddha told two of his attendants to give us the scriptures. But the two attendants told us that they wanted gifts first. We had nothing to give them. They gave us some scriptures. But later we were in a great storm. The storm blew the scriptures all over the place. My disciples gathered them again but saw that there were no words on the scrolls. So we returned to Thunderclap Mountain and asked Buddha to give us different scrolls. Again he told his two attendants to give us scrolls, and again they demanded gifts. This time I understood that the Buddha wanted us to give them something. So I gave them the purple gold begging bowl that you gave me many years ago. This time, they gave us thirty-five scriptures, with

213

several scrolls from each scripture. Altogether there are 5,048 scrolls."

"Wonderful!" said Taizong. Then he looked at the three disciples standing nearby. "Who are your noble disciples and where are they from?"

Tangseng replied, "My senior disciple's name is Sun Wukong. He is from the Water Curtain Cave on Flower Fruit Mountain in the country of Aolai. He caused great trouble in heaven five hundred years ago and was locked in a prison by the Lord Buddha. The Bodhisattva Guanyin helped him to become a Buddhist and my disciple. He has protected me on the journey. My second disciple is Zhu Wuneng. He was a monster in Gao Village until he was subdued by Sun Wukong and found Buddhism. He has been carrying our baggage all along the way and been very useful in crossing rivers. My third disciple is Sha Wujing. He used to be a monster in the Flowing Sands River. He also found Buddhism and has helped me greatly."

"And what of the horse?"

"The horse that you gave me many years ago was killed and eaten by a river monster, the son of the Dragon King of the Western Ocean. The river monster also became a Buddhist and changed into a horse that looked just like the one that he ate. This is the horse you see now. He has helped greatly in our journey."

"How far was your journey?"

"I remember Bodhisattva Guanyin saying that it was 36,000 miles, but I have no idea if that is correct. We have traveled for fourteen winters and summers, crossed thousands of rivers and mountains, and fought many monsters and demons. I have met many kings. Disciples, show our travel rescript to His Majesty."

Taizong looked at the travel rescript. It had seals from Precious Image Kingdom, Black Rooster Kingdom, Slow Cart Kingdom, the Kingdom of Women, the Sacrifice Kingdom, the Scarlet-Purple Kingdom, the Lion Camel Kingdom, the Bhiksu Kingdom, and the Dharma-Destroying Kingdom. There were also the seals of the Phoenix-Immortal Prefecture, the Jade-Flower County, and the Gold Level Prefecture. After reading through it, Taizong put it away.

Just then, an attendant informed the Emperor that the banquet was ready. The Emperor asked Tangseng, "Are your noble disciples familiar with the etiquette of the royal court?"

"Your Majesty, my humble disciples all began as monsters. They have never been taught the etiquette of the Chinese court."

Taizong laughed and said, "Not a problem, not a problem! Let's go eat!" The travelers and all the officials of the court stood on left and right while Emperor Taizong sat in the middle. There was singing, dancing and music. The banquet lasted the rest of the day. Truly,

> This banquet was greater than that of the ancient kings
> The true scriptures have brought great blessings
> This story will be told forever
> The light of Buddha shines throughout the capital

After the banquet ended, Taizong went to his living quarters. The officials all went to their homes. Tangseng and the disciples went back to Tangseng's monastery where they was welcomed by the other monks. The monks told Tangseng about the pine trees leaning to the east.

This time, Zhu did not call for food and wine and did not cause any trouble. Sun Wukong and Sha also behaved well. Their journey finished, they had no reason to cause trouble.

When night came they all went to bed.

The next morning, Taizong said to his officials, "We did not sleep at all last night. We kept thinking about the wonderful things our younger brother has told us. We have a few words to say. We hope they will show our gratitude."

Then he began to speak, while the officials quickly wrote down all of his words. He spoke for a long time.

He spoke about the invisible powers of yin and yang, heaven and earth, and the ten thousand things of this world.

He said how difficult it is to understand the way of Buddhism which speaks of the void. The void is full of mysteries, deep, far and silent. It controls the entire world. It has no birth, no death, and lasts forever.

He spoke of the great Buddha and his teachings. He spoke of how the people worshipped Buddha's image without understanding the deeper truth behind the image. He spoke of the Buddha's scriptures, and the Great and Small Vehicles.

He spoke of the monk Xuanzang, brighter than the dew of heaven and the greatest jewels. This monk rose above the six senses and placed his mind completely on the truths of the Buddha's teachings. He longed for the pure land and set out for the western heaven. He faced snowdrifts in the morning and sand storms in the evening, he crossed ten thousand mountains and streams, he pushed aside smoke, frost, rain and snow. He traveled for fourteen years all the way to Spirit Mountain in the land of India. Going deep into the mysteries of the Buddha's teachings, he learned the most difficult lessons.

Finally, he spoke of the holy scriptures themselves. He said that when the people of China can read the scriptures in their own language, they will spread the truths of Buddhism across the country to all people. Like water putting out the fire in a burning house, Buddhism will save all people. Like a golden beam of light on dark waters, it will lead travelers to safety on the far shore. He said, may these scriptures last as long as the sun and the moon, and spread their light across the universe!

The Emperor's officials wrote all this down carefully. Then Tangseng was invited into the throne room. He kowtowed to the Emperor. Then he was given the Emperor's document. He read it, kowtowed again, then said, "Your Majesty's writing is wonderful. But what is this document called?"

The Emperor replied, "We only thought of this last night. We would call it 'Preface to the Holy Religion.' Is this all right?" Tangseng kowtowed and thanked the Emperor again and again. The Emperor said, "Our words are very poor compared to the scriptures you have brought from the west. It is like spilling ink on golden tablets, or dropping stones into a forest of pearls. It is beneath your notice, and you should not thank us. Tell us, younger brother, would you please recite some of these holy scriptures for us?"

"Of course, my lord," replied Tangseng. "But we cannot do it here in your treasure palace. We must go to a monastery."

Tangseng asked his officials which monastery was the most pure. They replied that the Wild Goose Pagoda Monastery would be the most pure. Tangseng and his disciples walked with the Emperor and his officials to the monastery. As they walked, Tangseng said to Taizong, "My lord, it would be best to make copies of these scriptures before we start carrying them around your empire." Taizong agreed, and several officials immediately began to make copies of the scrolls.

They arrived at Wild Goose Pagoda Monastery. Tangseng picked up one of the scrolls. He was just starting to recite when a gust of wind came. Everyone looked up and saw the Eight Guardians. The Guardians called out, "You who are reciting scriptures! Put them down and come with us!" Tangseng carefully put the scroll down. Then he, his three disciples and the dragon horse all rose up into the air and were carried rapidly towards the west.

We will say no more about Emperor Taizong, except to say that he commanded a Grand Mass of Land and Water to be held at Wild Goose Pagoda Monastery. The monks of the monastery were told to recite the scriptures so that souls trapped in the underworld would be freed, and so that goodness would spread throughout the Tang empire.

Meanwhile, the Eight Guardians brought the travelers back to Spirit Mountain. The Guardians said to Tathagata Buddha, "We have obeyed your golden command. We have brought the holy monks back to the land of Tang where they delivered the scriptures. Now our work is done."

Tathagata Buddha nodded. Then he told the travelers to step forward. He said to Tangseng, "Holy monk, in your previous life you were my disciple, Golden Cicada. You did not listen to my laws and you had no respect for my teachings. You were sent to the land of the east for ten lifetimes. Since then, you have never forgotten my teachings. I now give you the job of Buddha of Sandalwood Merit.

"Sun Wukong, you caused great trouble in heaven, and I had to use great power to imprison you under Five Finger Mountain. However, you have embraced Buddhism and you have worked hard to subdue evil and protect the Tang monk. For this reason, I now give you the job of Victorious Fighting Buddha.

"Zhu Bajie, you were once a god of the heavenly river, but you got drunk at a festival and insulted the divine maiden. For this reason you were sent to the region below to live as a beast. You have accepted our religion and protected the Tang monk. But you still cause trouble, and you still have desire for food, drink, money and sex. For carrying the Tang monk's baggage, I give you the job of Janitor of the Altars."

"What?" cried Zhu. "They all became Buddhas and I am to be a janitor?"

The Buddha smiled and replied, "You are still quite hungry. Throughout the four great continents, wherever there are Buddhist services you will clean the altars. That will give you lots of food. How bad could that be?"

Then the Buddha continued, "Sha Wujing, you were once the great Curtain Raising Captain. But you broke a valuable cup during a festival and were sent to the region below. There, you lived as a monster who ate humans. However you have embraced our religion and you have protected the Tang monk. I now give you the job of the Golden Body Arhat."

Buddha turned to the white horse and said, "You were once the son of the Dragon King of the Western Ocean. You went against your father's command. For this crime you were to be killed. But you submitted to the law, then you carried the Tang monk during his journey to the west. For this, I now name you one of the dragons in the Eight Legions." One of the protectors led the horse to the Dragon Transforming Pool and pushed him into the water. Golden scales grew over his body and a silver beard appeared on his face. The horse, now a golden dragon, flew out of the pool and circled in the sky high above the monastery.

Sun Wukong said to Tangseng, "Master, now that I am a Buddha like you, it isn't right that I should still be wearing the headband. You wouldn't want to punish a Buddha by reciting the tight headband spell, would you? Please take this off my head."

Tangseng replied, "Now that you are a Buddha, the headband is gone. See for yourself." Sun Wukong put his hand on his head and found that the headband was gone.

The five travelers moved to their proper places. All the deities who had come to hear the Buddha's words left to return to their proper places.

Look around. What do you see?

Colored mists and clouds surround Spirit Mountain
Golden dragons lie quietly, jade tigers are all quiet
Black rabbits come and go as they want
Turtles and snakes circle as they wish
Red and green phoenixes play in the forest
Black apes and white deer enjoy themselves
Flowers bloom, fruit grows in all four seasons
Tall pines, ancient cypress, blue-green juniper, thin bamboo
Plums of every color, peaches ripe and unripe
A thousand kinds of flowers

All of them put their hands together and said,

I submit to the Buddha
I submit to the past, present and future Buddhas
I submit to the Buddha of Pure Joy
I submit to the Buddha Maitreya
I submit to the Buddha Amitabha
I submit to the Buddha of the Dragon Kings
I submit to the Buddha of Water and Sky
I submit to the Buddha of the Jeweled Banners
I submit to the Buddha of Compassion and Power

I submit to the Buddha of Golden Light
I submit to the Buddha of the Sun and Moon
I submit to the Buddha of Great Wisdom
I submit to the Buddha of Sandalwood Merit
I submit to the Buddha of Victorious Fighting

I submit to the Bodhisattva Guanyin
I submit to the Bodhisattva of the Great Ocean
I submit to the Bodhisattva of the Western Heaven
I submit to the Bodhisattva of the Three Thousand
Guardians
I submit to the Bodhisattva of the Five Hundred Teachers
I submit to the Bodhisattva the Janitor of the Altars
I submit to the Bodhisattva of the Heavenly Dragon of
Eight Legions

I submit to all the Buddhas in the ten directions and the
three worlds
I submit to all the Bodhisattvas, the Mahasattvas, and the
Great Perfect Wisdom

I will go to the pure land of the Buddha
I will repay the four kindnesses
I will save those who suffer
In the three paths of life

For all those who see and hear
Your mind will find true wisdom
May you be reborn in the land of joy
And live with us in heaven

Here ends the Journey to the West.

Proper Nouns

These are all the Chinese proper nouns used in this book. The ones shown in *italics* are only used in the final vow at the end of the story.

Pinyin	Chinese	English
Ā Nuó	阿傩	Ananda, a young man
Àolái Guó	奥莱国	Aolai, a country
Bā Bù Tiānlóng	八部天龙	Eight Legions of Heavenly Dragons
Bā Bù Tiānlóng Guǎng Lì Púsà	八部天龙广力菩萨	*Bodhisattva of the Eight Legions of Heavenly Dragons, the White Horse's new title*
Bādà Jīngāng	八大金刚	Eight Guardians
Bǎi Yǎn Mówáng	百眼魔王	Demon King Hundred Eyes
Bǎo Chuáng Wáng Fó	宝幢王佛	*Buddha of the Jeweled Banners*
Bǎo Xiàng Wángguó	宝象王国	Precious Image Kingdom
Bǐqiū Wángguó	比丘王国	Bhiksu Kingdom
Bù Jīn Sì	布金寺	Gold Spreading Monastery
Cháng'ān	长安	Chang'an, a city
Chēchí Wángguó	车迟王国	Slow Cart Kingdom
Chén Jiā Cūn	陈家村	Chen family village
Chén Shǎo Bǎo	陈少宝	Lord Guardian Chen, a man
Cí Lì Wáng Fó	慈力王佛	*Buddha of Compassion and Power*
Dà Chèng Fójiào	大乘佛教	Mahayana Buddhism (Greater Vehicle)
Dà Péng	大鹏	Great Peng, a demon
Dà Zhìhuì Zhě	大智慧者	*Great Perfect Wisdom*
Dì Zàng Wáng	地藏王	King Ksitigarbha, a bodhisattva
Dòu Zhànshèng Fó	斗战胜佛	*Victorious Fighting Buddha, Sun Wukong's new title*

223

Dú Huǒ Mówáng	毒火魔王	Demon King of Poison Fire
Ēmítuó Fó	阿弥陀佛	*Buddha Amitabha*
Fèng Xiān Jùn	凤仙郡	Phoenix-Immortal Prefecture
Fó Běn Híng Jīng	佛本行经	Buddhacarita Kavya Sutra
Fózǔ De Jìng Dì	佛祖的净地	Buddha's Pure Land
Gāo Cūn	高村	Gao Village
Guānyīn	观音	Guanyin, a bodhisattva
Guānyīn Diàn	观音殿	Guanyin Hall
Guòqù Xiànzài Wèilái Fó	过去现在未来佛	*Past, Present and Future Buddhas*
Hóng Hái'Ér	红孩儿	Red Boy, a demon
Huá Guāng	华光	Bodhisattva Bright Light
Huá Guāng Xínggōng	华光行宫	Bright Light Travel Palace
Huà Lóng Chí	化龙池	Transforming Pool
Huá Yán Jīng	华严经	Garland Sutra
Huāguǒ Shān	花果山	Flower Fruit Mountain
Huáng Fēng Lǐng	黄风岭	Yellow Wind Ridge
Huáng Méi Wáng	黄眉王	King Yellow Brow
Huáng Páo Yāoguài	黄袍妖怪	Yellow Robed Monster
Huǒyàn Shān	火焰山	Mountain of Flames
Huǒyàn Wǔ Guāng	火焰五光	Buddha of Flames and Five Lights
Jì Sài Wángguó	祭赛王国	Sacrifice Kingdom
Jiā Yè	伽叶	Kasyapa, a young man
Jiē Yǐn Fó	接引佛	Royal Buddha of Brightness
Jīn Chán	金蝉	Golden Cicada, Tangseng in a previous life
Jīn Dǐng Dàxiān	金顶大仙	Great Immortal of the Golden Head, an immortal
Jīn Jiǎo Wáng	金角王	Great King Golden Horn

Jīn Shēn Luóhàn	金身罗汉	Golden Body Arhat, Sha's new title
Jìng Tán Shǐzhě	净坛使者	Janitor of the Altars, Zhu's new title
Jīnhuá Guāng Fó	金华光佛	*Buddha of Golden Light*
Jīnpíng Fǔ	金平府	Gold Level Prefecture
Jiǔ Tóu Shīzi	九头狮子	Nine Headed Lion, a demon
Juǎn Lián Dàjiàng	卷帘大将	Curtain Raising Captain, a title for Sha Wujing
Kǒngzǐ	孔子	Confucius (Kongzi), a man
Kòu Dòng	寇栋	Kou Dong, a young man
Kòu Hóng	寇洪	Kou Hong, a man
Kòu Liáng	寇梁	Kou Liang, a young man
Kòu Yuánwài	寇员外	Squire Kou, title for Kou Hong
Làngdàng Yóu Shén	浪荡游神	The Wandering God, an immortal
Léiyīn Sì	雷音寺	Thunderclap Monastery
Liǎng Jiè Shān	两界山	Mountain of Two Frontiers
Líng Shān	灵山	Spirit Mountain, also known as Vulture Peak
Língyún Qiáo	凌云桥	Cloud Touching Bridge
Liú Bóqīn	刘伯钦	Liu Boqin, a man
Liú Shā Hé	流沙河	Flowing Sands River
Lóng Zūnwáng Fó	龙尊王佛	*Buddha of the Dragon Kings*
Miè Fǎ Wángguó	灭法王国	Dharma-Destroying Kingdom
Mílè Fó	弥勒佛	*Buddha Maitreya*
Mó Hē Sà	摩诃萨	*Mahasattvas*
Nánshān Dàwáng	南山大王	Great King of South Mountain
Nǎzhā Wángzǐ	哪吒王子	Prince Nata, an immortal
Niú Mówáng	牛魔王	Bull Demon King, a demon
Nǚrén Guó	女人国	Kingdom of Women

Qīngjìng Dàhǎi Zhòng Púsà	清净大海众菩萨	*Bodhisattva of the Great Ocean*
Qīngjìng Xǐ Fó	清净喜佛	*Buddha of Pure Joy*
Rán Dēng Fó	燃灯佛	Dipamkara (Burning Lamp Buddha)
Rì Yuè Guāng Fó	日月光佛	*Buddha of the Sun and Moon*
Rúlái Fó (zǔ)	如来佛 (祖)	Tathagata Buddha
Sān Jiè	三界	*Three Worlds*
Sānqiān Jiē Dì Dà Púsà	三千揭谛大菩萨	*Bodhisattva of the Three Thousand Guardians*
Sānzàng	三藏	Sanzang, Tangseng's name
Shā (Wùjìng)	沙 (悟净)	Sha Wujing, Tangseng's third disciple
Shèng Jiào Xù	圣教序	Preface to the Holy Religion
Shī Tuózi Wángguó	狮驼子王国	Lion Camel Kingdom
Shí Wáng	十王	Ten Kings of the Underworld, immortals
Shuǐ Tiān Fó	水天佛	*Buddha of Water and Sky*
Shuǐlián Dòng	水帘洞	Water Curtain Cave
Shuǐlù Dàhuì	水陆大会	Grand Mass of Land and Water
Sūn Wùkōng	孙悟空	Sun Wukong, the Monkey King, Tangseng's senior disciple
Tàishàng Lǎojūn	太上老君	Laozi, an immortal
Tàizōng	太宗	Taizong, the Tang Emperor
Táng	唐	Tang, an empire
Tángsēng	唐僧	Tangseng, a Buddhist monk
Tiān Hé	天河	River of Heaven
Tiānzūn	天尊	Celestial Worthy, an immortal
Tóng Tái Fǔ	铜台府	Bronze Tower City
Tóng Tái Hé	通天河	River of Heaven
Wǔbǎi Ā Luó Dà Púsà	五百阿罗大菩萨	*Bodhisattva of the Five Hundred Teachers*
Wúdǐ Dòng	无底洞	Bottomless Cave

Wūjī Wángguó	乌鸡王国	Black Rooster Kingdom
Wǔzhǐ Shān	五指山	Five Finger Mountain
Xī Shǐ Shānkǒu	稀屎山口	Slimy Shit Mountain Pass
Xī Tiānjí Lè Zhū Púsà	西天极乐诸菩萨	*Bodhisattva of the Western Heaven*
Xiǎo Chéng Fójiào	小乘佛教	Theravada Buddhism (Lesser Vehicle)
Xīhǎi Lóngwáng	西海龙王	Dragon King of the Western Ocean
Xuánzàng	玄奘	Xuanzang, Tangseng's childhood name
Yàn Tǎ Sì	雁塔寺	Wild Goose Pagoda Monastery
Yánluó Wáng	阎罗王	King Yama, an immortal
Yín Jiǎo Wáng	银角王	Great King Silver Horn
Yìndù	印度	India
Yīng Chóu Xī	鹰愁溪	Eagle Grief Stream
Yù Huā Zhōu	玉花州	Jade-Flower County
Yuánxiāo Jié	元宵节	Lantern Festival
Yùhuáng Dàdì	玉皇大帝	Jade Emperor, an immortal
Zhāng Wàng	张旺	Zhang Wang, a woman
Zhāntán Gōngdé Fó	旃檀功德佛	Buddha of Sandalwood Merit, Tangseng's new title
Zhènyuán Dàxiān	镇元大仙	Great Immortal Zhenyuan
Zhìhuì Shèng Fó	智慧胜佛	*Buddha of Great Wisdom*
Zhōngguó	中国	China
Zhū (Bājiè)	猪（八戒）	Zhu Bajie, Tangseng's second disciple
Zhū Wùnéng	猪悟能	Zhu Wuneng, another name for Zhu Bajie
Zhūzǐ Wángguó	朱紫王国	Scarlet-Purple Kingdom

Glossary

These are all the Chinese words used in this book, other than proper nouns.

Pinyin	Chinese	English
a	啊	what
ài	爱	love
àn (biān)	岸 (边)	shore
ānjìng	安静	quiet
ānquán	安全	safety
àomì	奥秘	mystery
ba	吧	(indicates assumption or suggestion)
bá	拔	to pull
bǎ	把	(preposition introducing the object of a verb)
bā	八	eight
bài	拜	to worship
bǎi	百	hundred
bái (sè)	白 (色)	white
bǎidù	摆渡	ferry
bājiāoshàn	芭蕉扇	palm-leaf fan
bàn	办	to do
bàn	半	half
bànfǎ	办法	method
bǎng	绑	to tie
bāng (zhù)	帮 (助)	to help
bàngōngshì	办公室	office
bǎo	宝	precious
bǎo	饱	full (after eating)
bāo	包	to wrap, bag
bào (zhù)	抱 (住)	to hold, to carry

bǎobèi	宝贝	treasure, baby
bàochóu	报仇	revenge
bàodá	报答	to repay
bàofēngyǔ	暴风雨	storm
bàogào	报告	report
bǎohù	保护	to protect
bàoliè	爆裂	burst
bǎotǎ	宝塔	pagoda
bāowéi	包围	to encircle
bàoyuàn	抱怨	to complain
bāozi	包子	steamed bun
bǎozuò	宝座	throne
bǎshǒu	把手	handle
bèi	背	back
bèi	被	(particle before passive verb)
bēi	背	to carry on back
bēi (zi)	杯(子)	cup
bèi pò	被迫	to be forced
bèn	笨	stupid, a fool
běn	本	Book, root
běn (lái)	本(来)	originally
bì	币	coin, currency
bǐ	比	compared to, than
bì zuǐ	闭嘴	shut up
biàn	变	to change
biān	边	side
biànchéng	变成	become
biāoqiān	标签	label
bié	别	do not, other
bīng	冰	ice
bǐsài	比赛	game, contest

bìxià	陛下	Your Majesty
bìxū	必须	must
bōlí	玻璃	glass
bóshù	柏树	cypress tree
bózi	脖子	neck
bù	不	no, not, do not
bù	布	cloth
bù (fèn)	部 (分)	part, portion
bùliǎo	不了	no more
búxìng	不幸	unfortunately
bùxíng	不行	no way, out of the question
búzàihū	不在乎	not give a damn about
cái	才	only
cāi	猜	guess
cǎi (sè)	彩 (色)	color
cáifù	财富	wealth
cáinéng	才能	can only, ability, talent
cāngying	苍蝇	a fly
cānjiā	参加	to participate, to join
cǎomù	草木	vegetation
chá	茶	tea
chán	禅	Zen Buddhism
cháng	常	often
cháng	长	long
chǎng	场	(measure word for public events)
chàng (gē)	唱 (歌)	to sing
chángshēng bùlǎo	长生不老	immortality (long life no die)
chāo (xiě)	抄 (写)	copy
chāo (yuè)	超 (越)	beyond
cháotíng	朝廷	court

chē	车	car, cart
chén	尘	dust
chén	沉	to sink
chéng (shì)	城（市）	city
chéng (wéi)	成（为）	to become
chéngfá	惩罚	punishment
chénggōng	成功	success
chéngnuò	承诺	promise
chéngshú	成熟	ripe, mature
chēngzàn	称赞	to praise
chénmín	臣民	subject of a feudal ruler
chí	池	pool, pond
chǐ	尺	Chinese foot
chī (fàn)	吃（饭）	to eat
chī wán	吃完	finish eating
chīdiào	吃掉	to eat up
chōng	冲	to rise up, to rush, to wash out
chóu	仇	hatred
chǒu	丑	ugly
chù	处	location
chū	出	out
chuán	传	to pass on, to transmit
chuán	船	boat
chuān (guò)	穿（过）	to pass through
chuān (shàng)	穿（上）	to wear, to put on
chuáng	床	bed
chuángōng	船工	boatman
chúfáng	厨房	kitchen
chúfēi	除非	unless
chuī	吹	to blow
chún (jié)	纯（洁）	pure

chūshēng	出生	born
chúshī	厨师	chef, cook
chūxiàn	出现	to appear
cì	次	next in a sequence, (measure word for time)
cóng	从	from
cónglái méiyǒu	从来没有	there has never been
cūn	村	village
cūnmín	村民	villager
cuò	错	wrong
cuòwù	错误	mistake
dà	大	big
dǎ	打	to hit, to play
dà hǎn	大喊	to shout
dǎbài	打败	defeat
dàdiàn	大殿	main hall
dàhǎi	大海	sea
dàhuì	大会	general assembly
dài	带	to carry, to lead, to bring
dài	戴	to wear
dàjiā	大家	everyone
dǎkāi	打开	to turn on, to open
dàn (shì)	但 (是)	but
dāng	当	when
dǎng (zhù)	挡 (住)	to block
dāngrán	当然	of course
dānxīn	担心	to worry
dào	到	to arrive, towards
dào	道	path, way, Dao, to say, (measure word for lines, orders)
dǎo	倒	to fall

dāo	刀	knife
dàojiào	道教	Daoism
dàoshi	道士	Daoist priest
dàoxiè	道谢	to thank
dǎsǎo	打扫	to sweep, to clean
dàshī	大师	grandmaster
dàwáng	大王	king
de	地	(adverbial particle)
de	的	of
dé	得	(particle showing degree or possibility)
dédào	得到	to get
děng	等	to wait
dēng (guāng)	灯 (光)	light
dí	笛	flute
dì	地	land, ground, earth
dì	第	(prefix before a number)
dǐ	底	end
dī	低	low
dǐ (bù)	底 (部)	bottom
diàn	殿	hall
diǎn	点	point, hour
diǎn (diǎn) tóu	点 (点) 头	to nod
diǎnlǐ	典礼	ceremony
diào	吊	to hang
diào	掉	to fall, to drop, to lose
dìdi	弟弟	younger brother
dìfāng	地方	place
dìguó	帝国	empire
dǐng	顶	top, to withstand
dītóu	低头	head bowed

diū	丢	to throw
dǐxia	底下	underground
dìyù	地狱	hell, underworld
dòng	动	to move
dòng	栋	(measure word for buildings, houses)
dòng	洞	cave, hole
dǒng	懂	to understand
dōng	东	east
dōng (tiān)	冬（天）	winter
dōngxi	东西	thing
dòu	斗	to fight
dōu	都	all
dòufu	豆腐	tofu
dú	读	to read
dǔ	赌	to bet
dú (yào)	毒（药）	poison
duàn	断	broken
duàn	段	(measure word for sections)
dùchuán	渡船	ferry
duì	对	correct, towards someone
duī	堆	heap, (measure word for piles, problems, clothing)
duìbùqǐ	对不起	I am sorry
duìmiàn	对面	opposite
dùn	顿	(measure word for non-repeating actions)
duǒ	躲	to hide
duō	多	many
duō shǎo	多少	how many
duōjiǔ	多久	how long
duōme	多么	how
dùzi	肚子	belly, abdomen

è	恶	evil
è	饿	hungry
èr	二	two
ěr (duo)	耳（朵）	ear
érzi	儿子	son
èyú	鳄鱼	crocodile
fǎ	法	law
fā	发	to send, to issue
fādǒu	发抖	to tremble, to shiver
fāguāng	发光	to glow
fǎlìng	法令	decree
fàn	犯	to commit, to violate
fàn	饭	cooked rice, a meal
fàng	放	to put, to let out
fāng (xiàng)	方（向）	direction
fang (zi)	房（子）	house, room
fàng jìn	放进	to put in
fángjiān	房间	room
fàngqì	放弃	to give up, surrender
fàngsōng	放松	to relax
fàngxià	放下	to lay down
fánróng	繁荣	prosperous
fāshēng	发生	to occur
fǎtíng	法庭	court
fāxiàn	发现	to find out
fēi	飞	to fly
fēicháng	非常	very
fèixū	废墟	ruins
fèn	份	(measure word for documents, meals, jobs)
fēn	分	to share, to divide

236

fēng	风	wind
fènghuáng	凤凰	phoenix
fēnkāi	分开	separate
fènnù	愤怒	anger
fó	佛	Buddha, buddhist
fó jiào	佛教	Buddhism
fófǎ	佛法	Buddha's teachings
fójiào tú	佛教徒	Buddhist
fójīng	佛经	Buddhist scriptures
fózǔ	佛祖	Buddhist teacher
fù	付	to pay
fù (qīn)	父（亲）	father
fù (rén)	妇（人）	lady, madam
fū (rén)	夫（人）	lady, madam
fùjìn	附近	nearby
fùmǔ	父母	parents
fúwù	服务	serve, service
fùzé	负责	be responsible for
gāi	该	should
gǎi (biàn)	改（变）	to change
gǎn	敢	to dare
gǎn	赶	to chase, to hurry
gān	干	dry
gǎn (dào)	感（到）	to feel
gān (zi)	杆（子）	rod, pole
gāng (cái)	刚（才）	just, just a moment ago
gǎnjī	感激	gratitude
gǎnxiè	感谢	to thank
gāo	高	tall, high
gàosù	告诉	to tell
gāoxìng	高兴	happy

gè	个	(measure word, generic)
gē	歌	song
gěi	给	to give
gēn	根	root, (measure word for long thin things)
gēn	跟	with, to follow
gèng	更	more
gēng	更	even, watch (2-hour period)
gōng (diàn)	宫（殿）	palace
gōngdé	功德	merit
gōngjī	攻击	to attack
gōngzhǔ	公主	princess
gōngzuò	工作	work, job
gǒu	狗	dog
gǔ	古	ancient
gǔ	鼓	drum
gū	箍	ring or hoop
gǔ (tóu)	骨（头）	bone
guà	挂	to hang, to call
guǎizhàng	拐杖	staff, crutch
guān	关	to turn off, to close, to lock up
guāncai	棺材	coffin
guāng	光	light
guānxīn	关心	concern
guānyú	关于	about
guānyuán	官员	official
guì	桧	juniper
guì	贵	expensive
guì	跪	to kneel
guǐ	鬼	ghost
guīshùn	归顺	to submit
guìzhòng	贵重	precious

guó	国	country
guò	过	to pass, (after verb to indicate past tense)
guǒ (zi)	果（子）	fruit
guówáng	国王	king
gùshì	故事	story
hái	还	still, also
hǎi	海	ocean, sea
hái (zi)	孩（子）	child
hàipà	害怕	fear, scared
háishì	还是	still
hǎn (jiào)	喊（叫）	to call, to shout
hǎo	好	good, very
hào chī	好吃	delicious
hé	合	to combine, to join
hé	和	and, with
hē	喝	to drink
hé (liú)	河（流）	river
hé (zi)	盒（子）	box
hé'àn	河岸	river bank
hēi (sè)	黑（色）	black
hēi'àn	黑暗	dark
hěn	很	very
héng	横	horizontal
hépíng	和平	peace
héshang	和尚	monk
hóng (sè)	红（色）	red
hòu	后	after, back, behind
hóu (zi)	猴（子）	monkey
hòulái	后来	later
hòumiàn	后面	behind

hǔ	虎	tiger
huá	滑	slippery
huà	话	word, speak
huà	划过	to draw, to stroke, to scratch
huā (duǒ)	花(朵)	flowers
huài	坏	bad, broken
huáiyùn	怀孕	pregnant
huán	还	to return
huàn	换	to exchange, to trade
huǎng	谎	lie
huáng (sè)	黄(色)	yellow
huángdì	皇帝	emperor
huāngyě	荒野	wilderness
huānyíng	欢迎	welcome
huāpíng	花瓶	vase
huāyuán	花园	garden
huí	回	to return
huì	会	will, to be able to
huī	灰	gray, dust, ash
huī (dòng)	挥(动)	to swat, to wave
huǐ (huài)	毁(坏)	to smash, to destroy
huíbào	回报	to reward
huídá	回答	to reply
hún	魂	soul
hùndùn	混沌	chaos
huǒ	火	fire
huó (zhe)	活(着)	alive
huò (zhě)	或(者)	or
huǒjù	火炬	torch
huǒyàn	火焰	flame
húsūn	猢狲	ape

hùxiāng	互相	each other
húxū	胡须	beard
jí	极	extremely, pole
jǐ	几	several
jī	鸡	chicken
jì (zhù)	记（住）	to remember
jī zhòng	击中	to hit a target
jiǎ	假	fake
jiā	家	family, home
jià(zi)	架（子）	shelf
jiàn	件	(measure word for clothing, matters)
jiàn	剑	sword
jiàn	建	to build
jiān	肩	shoulder
jiàn (miàn)	见（面）	to see, to meet
jiǎnchá	检查	to inspect, examination
jiǎndān	简单	simple
jiǎng	讲	to speak
jiāng	将	shall
jiānyù	监狱	prison
jiào	叫	to call, to yell
jiāo (huì)	教（会）	to teach
jiàozi	轿子	sedan chair
jiātíng	家庭	family members
jiē (dào)	街（道）	street
jiē (guò)	接（过）	to take
jié (rì)	节（日）	festival (day)
jiéhūn	结婚	to marry
jiějué	解决	to solve, settle, resolve
jièshào	介绍	introduction
jiēshòu	接受	to accept

jiéshù	结束	end, finish
jiēzhe	接着	and then
jīhū	几乎	almost
jìn	近	close
jìn	进	to advance, to enter
jǐn	紧	tight, close
jīn	今	this, these
jīn (sè)	金(色)	golden
jǐn gēn	紧跟	follow closely
jīn gū bàng	金箍棒	golden hoop rod
jīndǒu yún	筋斗云	somersault cloud
jìng	静	quiet
jīng	经	scripture, holy book
jīng (shén)	精(神)	spirit
jīngguò	经过	after, through
jìngjiǔ	敬酒	to toast
jīnglì	经历	experience
jǐnzhāng	紧张	nervous, tension
jíshǐ	即使	even though
jìtán	祭坛	altar
jiù	就	just, right now
jiù	救	to save, to rescue
jiù	旧	old
jiǔ	久	long
jiǔ	九	nine
jiǔ	酒	wine, liquor
jiùshì	就是	just is
jìxù	继续	to continue
jù	具	(measure word for corpse or stiff thing)
jù	句	(measure word for word, sentence)
jù (dà)	巨(大)	huge

jǔ (qǐ)	举（起）	to lift
juǎn	卷	to roll
juédé	觉得	to feel
juédìng	决定	to decide
jūgōng	鞠躬	to bow down
jùjué	拒绝	to refuse
jùn hóu	郡侯	prefect (magistrate or regional governor)
jǔxíng	举行	to hold
kāi	开	open
kāishǐ	开始	to begin
kàn	看	to look
kàn kàn	看看	have a look
kàn qǐlái	看起来	it looks like
kàn shàngqù	看上去	it looks like
kànjiàn	看见	to see
kǎoshì	考试	examination
kǎoyàn	考验	trial, ordeal
kè	刻	to carve
kè	课	(measure word for trees, vegetables, some fruits)
ké (sòu)	咳（嗽）	cough
kě'ài	可爱	lovely, cute
kěnéng	可能	maybe
kěpà	可怕	frightening, terrible
kèrén	客人	guest
kěshì	可是	but
kētóu	磕头	to kowtow
kěyǐ	可以	can
kōng (qì)	空（气）	air, void, emptiness
kōngshǒu	空手	empty-handed
kòngzhì	控制	control

kǒu	口	mouth, (measure word for people in villages, families)
kòutóu	叩头	to kowtow
kū	哭	to cry
kuài	快	fast
kuài diǎn	快点	hurry up
kuàilè	快乐	happy
kuàizi	筷子	chopsticks
kuān	宽	width
kuāng	筐	basket
kǔlì	苦力	coolie, unskilled laborer
kùn	困	to trap
kǔn (zhù)	捆（住）	bundle, to tie up
kǔnàn	苦难	suffering
kùnnán	困难	difficulty
lā	拉	to pull
lái	来	to come
lán (sè)	蓝（色）	blue
làng	浪	wave
lǎo	老	old
lǎohǔ	老虎	tiger
lǎoshī	老师	teacher
lǎotóu	老头	old man
làzhú	蜡烛	candle
le	了	(indicates completion)
léi (shēng)	雷（声）	thunder
lǐ	里	Chinese mile
lí	离	away from, to leave
lì	力	force
lǐ (miàn)	里（面）	inside
liǎ	俩	both

lián	连	even, to connect
liǎn	脸	face
liáng	梁	beam, rafter
liǎng	两	two, Chinese ounce
liǎojiě	了解	to understand
líkāi	离开	to leave
lìliàng	力量	strength
límíng	黎明	dawn
lín	鳞	scale of a fish or lizard
lìng	另	other, another, in addition
línghún	灵魂	soul
línjū	邻居	neighbor
liù	六	six
liú (xià)	留（下）	to keep, to leave behind, to stay
lǐwù	礼物	gift
lǐyí	礼仪	etiquette
lǐzi	李子	plum
lóng	龙	dragon
lónglóng	隆隆	crash of thunder
lóngzi	笼子	cage
lóu	楼	building, floor of a building
lù	路	road
lù	露	to reveal, to expose, dew
lù	鹿	deer
lǜ (sè)	绿（色）	green
luó	锣	gong
luóhàn	罗汉	arhat, one who has achieved enlightenment
lǚtú	旅途	journey
ma	吗	(indicates a question)
mǎ	马	horse

máfan	麻烦	trouble
mái	埋	to bury
màn	慢	slow
mǎn	满	full
máo	矛	spear
máo (fà)	毛(发)	hair
mào (zi)	帽(子)	hat
máobǐ	毛笔	writing brush
mǎshàng	马上	immediately
méi	没	no, not have
měi	每	every
měi (lì)	美(丽)	beautiful
méi (mao)	眉(毛)	eyebrow
méi wèntí	没问题	it's ok, no problem
méiguānxì	没关系	it doesn't matter
měihǎo	美好	nice, happy
méiyǒu	没有	no, not have
men	们	(indicates plural)
mén	门	door, gate
mèng	梦	dream
miàn	面	side, surface, noodles, face, (measure word for flat things)
miàn duì	面对	to face
miàn tiáo	面条	noodles
miànqián	面前	in front
miào	庙	temple
miè	灭	to extinguish
mǐfàn	米饭	cooked rice
míhóu	猕猴	macaque
mìng	命	life
míng (liàng)	明(亮)	bright

míng (zì)	名 (字)	first name, name, (measure word for an occupation or profession)
míngbái	明白	to understand, clear
mìnglìng	命令	command
míngtiān	明天	tomorrow
mò	墨	ink
mó (fǎ)	魔 (法)	magic
mó (lì)	魔 (力)	magic
móguǐ	魔鬼	demon
mù (tou)	木 (头)	wood
mǔqīn	母亲	mother
ń, en, èn	嗯	well, um
ná	拿	to take
nà	那	that, those
nǎ	哪	which
ná qǐ (lái)	拿起 (来)	to pick up
nà shí	那时	at that time
nàlǐ	那里	there
nǎlǐ	哪里	where
nàme	那么	so then
nán	南	south
nán, nàn	难	difficult, rare
nánhái	男孩	boy
nàyàng	那样	that way
ne	呢	(indicates question)
néng	能	can
nǐ	你	you
nián	年	year
niàn	念	to recite
niànfó	念佛	to practice Buddhism

247

niánqīng	年轻	young
niǎo	鸟	bird
niú	牛	cow, bull
nòng	弄	to do, to make
nóngfū	农夫	farmer
nóngtián	农田	farmland
nǚ	女	female
nǚ'ér	女儿	daughter
nǚhái	女孩	girl
nǚlì	努力	work hard
nǚrén	女人	woman
ó, ò	哦	oh?, oh!
pá	爬	to climb
pái	排	row, (measure word for row)
pāi (dǎ)	拍（打）	to tap, to slap
pái (zi)	牌（子）	sign
pàng	胖	fat
páng (biān)	旁（边）	beside
pǎo	跑	to run
pèi	配	worthy
pèng	碰	to touch
péngyǒu	朋友	friend
pǐ	匹	(measure word for horses, cloth)
piàn	片	(measure word for flat objects)
piàn (shù)	骗（术）	to trick, to cheat
piāo	漂	to drift
piāo (dòng)	飘（动）	to flutter
piàoliang	漂亮	beautiful
píng	平	flat
pò	魄	soul

púrén	仆人	servant
púsà	菩萨	bodhisattva, buddha
pǔtōng	普通	ordinary
qí	骑	to ride
qì	气	gas, air, breath
qǐ	起	from, up
qī	七	seven
qí (zi)	旗(子)	flag, banner
qián	前	in front, before, side, ago
qián	钱	money
qiàn	欠	to owe
qiān	千	thousand
qiān	牵	to lead
qiáng	墙	wall
qiáng (dà)	强(大)	powerful
qiángdào	强盗	bandit
qiánwǎng	前往	go to
qiáo	桥	bridge
qiāoqiāo	悄悄	quietly
qiāozhà lèsuǒ	敲诈勒索	extortion
qǐchuáng	起床	to get out of bed
qídǎo	祈祷	prayer
qíguài	奇怪	strange
qǐlái	起来	(after verb, indicates start of an action)
qīn'ài de	亲爱的	dear
qǐng	请	please
qīng	轻	lightly
qīngjié gōng	清洁工	janitor
qīngjìng	清净	clean
qǐngqiú	请求	ask

qīngshēng	轻声	speak softly
qìngzhù	庆祝	to celebrate
qīnqi	亲戚	relative
qióng	穷	poverty
qíshí	其实	in fact
qítā	其他	other
qiú	求	to beg
qiú	球	ball
qízhōng	其中	among them
qīzi	妻子	wife
qù	去	to go
qǔ	取	to pick, to take
quán	全	complete
quān	圈	circle, to lock up
quán (tóu)	拳(头)	fist
qùdiào	去掉	remove, get rid of
qún	群	group, (measure word for group)
ràng	让	to let, to cause
ránhòu	然后	then
ránshāo	燃烧	burning
rè	热	heat
rén	人	person, people
rěn (shòu)	忍(受)	to endure, to tolerate
rèn chū	认出	to recognize
réncí	仁慈	kindness
rēng	扔	to throw
réngrán	仍然	still, yet
rènhé	任何	any
rénjiān	人间	human world
rénshēn	人参	ginseng
rènwéi	认为	to believe

rì (zi)	日（子）	day, days of life
róngyì	容易	easy
róngyù	荣誉	honor
ròu	肉	meat, flesh
rù	入	to enter
rúguǒ	如果	if
sān	三	three
sēng (rén)	僧（人）	monk
sēnlín	森林	forest
shā	杀	to kill
shāchénbào	沙尘暴	sandstorm
shān	山	mountain
shǎndiàn	闪电	lightning
shàng	上	on, up
shàngchuáng	上床	go to bed
shānghài	伤害	harm
shàngmiàn	上面	above
shàngsi	上司	superior (boss)
shàngtiān	上天	god, heaven
shāngxīn	伤心	sad
shànliáng	善良	goodness
shǎo	少	few
shāo	烧	to burn
shé	蛇	snake
shè	射	to shoot, to emit
shēn	伸	to stretch, to reach
shēn	深	late, deep
shēn (tǐ)	身（体）	body
shén (xiān)	神（仙）	spirit, god
shēnbiān	身边	around
shēng	生	to give birth, to grow out

shēng (huó)	生（活）	life
shèng (rén)	圣（人）	saint, holy sage
shèng (xià)	剩（下）	to remain, rest of
shēng (yīn)	声（音）	sound
shéng (zi)	绳（子）	rope
shèng sēng	圣僧	holy monk, Bodhisattva
shēngbìng	生病	get ill
shēngmìng	生命	life
shēngqì	生气	anger
shēngzhǎng	生长	to grow
shénme	什么	what
shénqí	神奇	magical
shénshè	神社	shrine
shénshèng	神圣	divine
shí	十	ten
shì	是	is, yes
shì	试	to taste, to try
shǐ	屎	shit
shī	湿	wet
shī (fu)	师（父）	master
shī (gē)	诗（歌）	poetry
shí (hòu)	时（候）	time, moment, period
shì (qing)	事（情）	thing
shí (tou)	石（头）	stone
shí (wù)	食（物）	food
shì (yuàn)	誓（愿）	vow
shībài	失败	failure
shìbīng	士兵	soldier
shíjiān	时间	time
shìjiè	世界	world
shītǐ	尸体	dead body

shìwèi	侍卫	to guard
shīzi	狮子	lion
shòu	兽	beast
shǒu	手	hand
shǒu	首	(measure word for music, poems)
shòudào	受到	to receive, to suffer
shǒudū	首都	capital city
shǒulǐng	首领	chief, leader
shǒuwèi	守卫	to guard
shù	数	number
shù	束	bundle
shū	书	book
shù (mù)	树 (木)	tree
shuāng	双	a pair
shuāng	霜	frost
shūcài	蔬菜	vegetable
shùgàn	树干	tree trunk
shuí	谁	who
shuǐ	水	water
shuì (jiào)	睡 (觉)	to sleep
shuǐguǒ	水果	fruit
shuǐniú	水牛	buffalo
shùlín	树林	forest
shuō (huà)	说 (话)	to say
shuōhuǎng	说谎	to lie
shūshì	舒适	comfortable
shūshu	叔叔	paternal uncle (father's younger brother)
shùzhī	树枝	tree branch
sì	四	four
sǐ	死	dead, to die
sī	丝	silk

sī	撕	to tear
sì (miào)	寺 (庙)	temple
sīchóu	丝绸	silk cloth
sìjì	四季	seasonal, four seasons
sìzhōu	四周	all around, four directions
sòng (gěi)	送 (给)	to give a gift
sōngshù	松树	pine tree
suì	岁	years of age
suì	碎	to break up
suīrán	虽然	although
sūnzi	孙子	grandson
suǒ	锁	lock
suǒyǐ	所以	so
suǒyǒu	所有	all
sùshí	素食	vegetarian food
tā	他	he, him
tā	她	she, her
tā	它	it
tǎ (lóu)	塔 (楼)	tower
tài	太	too
tái (qǐ)	抬 (起)	to lift up
táitóu	抬头	to look up
tàiyáng	太阳	sun
tán	谈	to talk
tán zòu	弹奏	to play
tān(lán)	贪 (婪)	greed
tǎng	躺	to lie down
tāng	汤	soup
tào	套	set, sleeve
táo (zi)	桃 (子)	peach
táo (zǒu)	逃 (走)	to escape

tèbié	特别	special
tī	踢	to kick
tiān	天	day, sky
tiāndì	天地	heaven and earth
tiānguó	天国	heaven
tiānkōng	天空	sky
tiānshàng	天上	heaven
tiāntáng	天堂	heaven
tiáo	条	(measure word for narrow, flexible things)
tiào	跳	to jump
tiàowǔ	跳舞	to dance
tīng	听	to listen
tíng (zhǐ)	停 (止)	to stop
tíng (zi)	亭 (子)	pavilion
tīng shuō	听说	it is said that
tóng	铜	copper
tōng (guò)	通 (过)	to pass through
tòng (kǔ)	痛 (苦)	pain, suffering
tōng xiàng	通向	lead to
tōngguān wénshū	通关文书	travel rescript
tóngshí	同时	in the meantime
tóngyì	同意	to agree
tóu	头	head, (measure word for animal with big head)
tōu	偷	to steal
tǔ	土	dirt, earth
tù (zi)	兔 (子)	rabbit
túdì	徒弟	apprentice

tǔdì	土地	land
tuì	退	to retreat
tuī	推	to push
tūn	吞	to swallow
tuō	拖	to drag
túshūguǎn	图书馆	library
wài (miàn)	外（面）	outside
wán	完	finished
wán	玩	to play
wàn	万	ten thousand
wǎn	晚	late, night
wǎn	碗	bowl
wān	弯	to bend
wánchéng	完成	to complete
wáng	王	king
wàng (jì)	忘（记）	to forget
wánggōng	王宫	royal palace
wángguó	王国	kingdom
wángzǐ	王子	prince
wánměi	完美	perfect
wánquán	完全	completely
wǎnshàng	晚上	evening, night
wànwù	万物	all things
wèi	为	for
wèi	位	place, (measure word for people, polite)
wéi (zhù)	围（住）	to encircle, to surround
wěidà	伟大	great
wèilái	未来	future
wèishénme	为什么	why
wēixié	威胁	threaten
wén	闻	to smell

wèn	问	to ask
wēn (nuǎn)	温(暖)	warm
wènhǎo	问好	say hello
wénshū	文书	written document
wèntí	问题	problem, question
wǒ	我	I, me
wú	无	no, without
wù	悟	to realize, to understand
wǔ	五	five
wù (qì)	雾(气)	fog, mist
wū (zi)	屋(子)	small house, room
wúbiān	无边	boundless
wūdǐng	屋顶	roof
wūguī	乌龟	turtle
wǔqì	武器	weapon
xì	细	thin
xǐ	洗	to wash
xī	溪	stream, creek
xī	西	west
xià	下	down, under
xià (tiān)	夏(天)	summer
xià huài	吓坏	frightened
xià yǔ	下雨	to rain
xiān	仙	immortal, celestial being
xiān	先	first
xiàng	像	like, to resemble, statue
xiàng	向	towards
xiàng	象	elephant
xiǎng	想	to want, to miss, to think of
xiāng	香	incense, fragrant
xiāng (zi)	箱(子)	box

xiǎng yào	想要	would like to
xiāngcūn	乡村	rural
xiángfú	降伏	to subdue
xiǎngshòu	享受	to enjoy
xiàngwǎng	向往	to yearn for
xiāngxìn	相信	to believe, to trust
xiānhuā	鲜花	fresh flowers
xiānshēng	先生	sir, gentleman
xiànzài	现在	just now
xiào	笑	to laugh
xiǎo	小	small
xiǎohái	小孩	child
xiāoshī	消失	to disappear
xiǎoxīn	小心	careful
xiázhǎi	狭窄	narrow
xiè	谢	to thank
xiě	写	to write
xiē	些	some
xié ('è)	邪 (恶)	evil
xièxiè	谢谢	thank you
xiēzi	蝎子	scorpion
xìn	信	letter
xīn	心	heart/mind
xīn	新	new
xíng	行	to travel, to walk, OK
xìng	姓	surname
xìng	性	sex
xīng	星	star
xíng (zhuàng)	形 (状)	shape, appearance
xínglǐ	行李	luggage
xīngqí	星期	week

xíngwéi	行为	behavior
xīniú	犀牛	rhino
xīnyì	心意	will
xióng	熊	bear
xiōng	胸	chest
xiōngdì	兄弟	brother
xiù	绣	embroidered
xiūrǔ	羞辱	to insult, to humiliate
xiūxi	休息	to rest
xiùzi	袖子	sleeve
xīwàng	希望	to hope
xǐzǎo	洗澡	to bathe
xuǎn (zé)	选 (择)	to select, to choose
xǔduō	许多	many
xuě	雪	snow
xué (xí)	学 (习)	to learn
xuéxiào	学校	school
xūruò	虚弱	weak
xūyào	需要	to need
yán	沿	along
yàn (huì)	宴 (会)	feast
yǎn (jīng)	眼 (睛)	eye
yān (wù)	烟 (雾)	smoke
yān sǐ	淹死	to drown
yáng	阳	masculine principle in Daoism
yàngzi	样子	to look like, appearance
yánsè	颜色	color
yánwù	延误	delay
yào	要	to want
yāo	腰	waist, small of back
yáo (dòng)	摇 (动)	to shake or twist

yàofàn	要饭	to beg for food
yāoguài	妖怪	monster
yāoqǐng	邀请	to invite
yāoqiú	要求	to request
yàoshi	钥匙	key
yè	夜	night
yě	也	also
yè (zi)	叶 (子)	leaf
yī	一	one
yī (fu)	衣(服)	clothes
yī huǐ er	一会儿	a while
yǐ jīng	已经	already
yìdiǎn	一点	a little
yídìng	一定	must
yígè rén	一个人	alone
yígòng	一共	altogether
yǐhòu	以后	after
yín	银	silver
yīn	阴	feminine principle in Daoism
yíng	赢	to win
yīnggāi	应该	should
yǐngxiǎng	影响	influences
yīnwèi	因为	because
yīnyuè	音乐	music
yīnyuè jiā	音乐家	musician
yìnzhāng	印章	seal
yìqǐ	一起	together
yǐqián	以前	before
yíqiè	一切	everything
yìshēng	一生	lifetime

yǐwéi	以为	to think, to believe
yíxià	一下	a bit, a short quick action
yíyàng	一样	same
yìzhí	一直	always, continuously
yòng	用	to use
yǒngyuǎn	永远	forever
yóu	油	oil
yóu	由	from, by, because of
yòu	又	again, also
yǒu	有	to have
yóu (yǒng)	游 (泳)	to swim, to tour
yǒuguān	有关	related to
yǒumíng	有名	famous
yóurén	游人	traveler, tourist
yǒushí	有时	sometimes
yǒuyì	友谊	friendship
yú	鱼	fish
yù	御	royal
yù	玉	jade
yǔ	语	words, language
yǔ	雨	rain
yù (dào)	遇 (到)	encounter, meet
yuǎn	远	far
yuàn (yì)	愿 (意)	willing
yuánlái	原来	turn out to be, original
yuányīn	原因	reason
yuànzi	院子	courtyard
yuè (liang)	月 (亮)	month, moon
yùjiàn	遇见	to meet
yún	云	cloud
yùnqì	运气	luck

yùwàng	欲望	desire
yǔzhòu	宇宙	universe
zài	再	again
zài	在	in, at
zàihū	在乎	care
zàijiàn	再见	goodbye
zāinàn	灾难	disaster
zāng	脏	dirty
zào	造	to make
zǎo	早	early
zǎochén	早晨	morning
zǎofàn	早饭	breakfast
zǎoshang	早上	morning
zéi	贼	thief
zěnme	怎么	how
zěnme bàn	怎么办	how to do
zěnmele	怎么了	what's wrong
zhǎ	眨	to blink, to wink
zhài	债	debt
zhàn	站	to stand
zhàndòu	战斗	fighting
zhǎng	长	to grow
zhāng	张	open, (measure word for pages, flat objects)
zhāng	章	chapter
zhǎng mǎn	长满	overgrown
zhàngfū	丈夫	husband
zhànshì	战士	warrior
zhào	照	according to
zhǎo	找	to search for
zhào liàng	照亮	illuminate

zhǎo máfan	找麻烦	to look for trouble
zhàogù	照顾	to take care of
zhàopiàn	照片	picture, photo
zhe	着	(indicates action in progress)
zhè	这	this
zhèlǐ	这里	here
zhème	这么	so
zhèn	朕	I (royal)
zhèn	阵	(measure word for short-duration events)
zhēn	真	true, real
zhèng	正	correct, just
zhěng	整	all, entire
zhèngdiàn	正殿	main hall
zhèngfǔ	政府	government
zhēnglùn	争论	to argue
zhèngzài	正在	(-ing)
zhēnshi	真是	really
zhēnxiàng	真相	truth
zhēnzhū	珍珠	pearl
zhèyàng	这样	such
zhí	直	straight
zhǐ	只	only
zhǐ	指	finger, to point at, to name
zhǐ	纸	paper
zhī	之	of
zhī	只	(measure word for animals)
zhì (huì)	智（慧）	wisdom
zhídào	直到	until
zhīdào	知道	to know
zhìhǎo	治好	to cure (medical)

263

zhíqián	值钱	valuable
zhīqián	之前	before
zhīzhū	蜘蛛	spider
zhízi	侄子	nephew
zhòng	众	a crowd
zhòng	重	heavy, hard
zhǒng	种	(measure word for kinds of creatures, things, plants)
zhōng	中	in, middle
zhōng	钟	bell
zhōngfàn	中饭	lunch
zhōngwǔ	中午	noon
zhōngyú	终于	at last
zhǒngzǐ	种子	seed
zhōu	周	week
zhōu	洲	continent
zhōuzhǎng	州长	governor of a state or province
zhú	竹	bamboo
zhù	住	to live, to hold, (verb complement)
zhǔ	煮	to cook
zhū	猪	pig
zhuā (zhù)	抓(住)	to arrest, to grab
zhuàn	赚	to earn
zhuǎn	转	to turn
zhuàng	撞	to knock against, to run into
zhuāng mǎn	装满	to fill up
zhuǎnshēn	转身	turn around
zhuǎnxiàng	转向	turn to
zhūbǎo	珠宝	jewelry
zhùfú	祝福	blessing
zhuī	追	to chase

zhǔnbèi	准备	ready, to prepare
zhuō (zi)	桌（子）	table
zhǔrén	主人	owner
zì	字	written character
zǐ (sè)	紫（色）	purple
zìcóng	自从	ever since
zìjǐ	自己	oneself
zǐxì	仔细	careful
zìyóu	自由	free
zǒng shì	总是	always
zōngjiào	宗教	religion
zǒu	走	to go, to walk
zuànshí	钻石	diamond
zuì	最	the most
zuì	醉	drunk
zuǐ	嘴	mouth
zuì (xíng)	罪（行）	crime
zuì hǎo	最好	the best
zuìhòu	最后	at last
zūjīn	租金	rental fee
zūn	尊	(measure word for gods, goddesses, statues, cannons)
zūn (jìng)	尊（敬）	respect
zūnguì	尊贵	noble
zuò	做	to do
zuò	坐	to sit
zuò	座	seat, (measure word for mountains, temples, big houses)
zuó wǎn	昨晚	last night
zuótiān	昨天	yesterday
zuǒyòu	左右	approximately
zǔzhǐ	阻止	to stop, to prevent

About the Authors

Jeff Pepper (author) is President and CEO of Imagin8 Press, and has written dozens of books about Chinese language and culture. Over his thirty-five year career he has founded and le d several successful computer software firms, including one that became a publicly traded company. He's authored two software related books and was awarded three U.S. patents.

Dr. Xiao Hui Wang (translator) has an M.S. in Information Science, an M.D. in Medicine, a Ph.D. in Neurobiology and Neuroscience, and 25 years experience in academic and clinical research. She has taught Chinese for over 10 years and has extensive experience in translating Chinese to English and English to Chinese.